城市轨道交通技术发展纲要建议
（2025—2030）

Suggestion of urban rail transit technology development outline
（2025—2030）

中国土木工程学会　主编

中国建筑工业出版社

图书在版编目（CIP）数据

城市轨道交通技术发展纲要建议：2025—2030 = Suggestion of urban rail transit technology development outline（2025—2030）/ 中国土木工程学会主编. -- 北京：中国建筑工业出版社，2025.8.
ISBN 978-7-112-31352-5

Ⅰ.U239.5

中国国家版本馆 CIP 数据核字第 2025SA7949 号

责任编辑：李玲洁　武　洲
责任校对：李美娜

城市轨道交通技术发展纲要建议
（2025—2030）
Suggestion of urban rail transit technology development outline
（2025—2030）
中国土木工程学会　主编

*

中国建筑工业出版社出版、发行（北京海淀三里河路9号）
各地新华书店、建筑书店经销
北京建筑工业印刷有限公司制版
北京同文印刷有限责任公司印刷

*

开本：850毫米×1168毫米　1/32　印张：1$\frac{7}{8}$　字数：49千字
2025年7月第一版　　2025年7月第一次印刷
定价：**45.00**元
ISBN 978-7-112-31352-5
（45395）

版权所有　翻印必究
如有内容及印装质量问题，请与本社读者服务中心联系
电话：（010）58337283　　QQ：2885381756
（地址：北京海淀三里河路9号中国建筑工业出版社604室　邮政编码：100037）

中国土木工程学会

关于印发《城市轨道交通技术发展纲要建议（2025—2030）》的通知

为指导全国城市轨道交通的技术发展，促进我国城市轨道交通的高质量发展，在住房和城乡建设部的支持下，我会组织轨道交通分会、北京城建设计发展集团股份有限公司等单位编写了《城市轨道交通技术发展纲要建议（2025—2030）》，并经有关方面专家审查论证，现予发布。

在使用过程中，如有意见和建议，请及时反馈给我会轨道交通分会（电话：010-88336430，传真：010-88336868，邮箱：chinametro1979@163.com）。

附件：《城市轨道交通技术发展纲要建议（2025—2030）》

中国土木工程学会
2025 年 3 月 13 日

前　言

《城市轨道交通技术发展纲要建议》（以下简称《纲要建议》）是在总结我国城市轨道交通技术发展历程中的经验与教训的基础上，分析目前规划、设计、施工、运营和管理存在的问题，展望未来技术发展趋势，提出的下一个五年我国城市轨道交通的技术发展方向及重点研究的前沿理论和核心技术，以指导我国城市轨道交通的技术发展。

《纲要建议》由住房和城乡建设部支持，中国土木工程学会指导审定，中国土木工程学会轨道交通分会组织，北京城建设计发展集团股份有限公司牵头，分会多家理事单位参与编写。

2010年首次发布的第一版《纲要建议（2010—2015）》，是在国家"十一五"科技支撑计划重点项目"新型城市轨道交通技术"研究基础上提炼形成的，确定了"资源节约型、安全便捷型、环境友好型、技术创新型"的新型城市轨道交通发展目标，从规划技术、车辆及设备系统技术、综合专项技术、管理技术四个方面提出了城市轨道交通技术发展方向。之后十年间，我国城市轨道交通在"多层次、多制式城市轨道交通体系、技术标准和产品标准体系、综合监控系统、风险管理理论、车辆制造核心技术、信号核心技术、网络化建设与运营管理体系"等方面积累了大量技术成果。

2021年发布的第二版《纲要建议（2021—2025）》，提出了本期城市轨道交通技术发展的总体发展原则：**更融合、更绿色、更智慧、更高效、更安全**。对城市轨道交通各专业领域提出了从多层次网络规划、勘测技术、土建技术、车辆及工艺、机电设备、运营与维保、TOD综合开发、数字城轨、RAMS、安全韧性到振动噪声综合控制等专项技术方面提出了全生命周期的技术发展方向。

城市轨道交通是具有公益属性的重要基础设施，是便民惠民的重大民生工程，一头连着民生福祉，另一头连着城市发展，是引领和优化城市空间布局、促进土地集约高效利用、改善城市居民生活品质、提升城市生态文明、提高人民群众幸福感获得感的重要载体，是重塑城市空间形态、增强城市韧性、实现城市可持续发展的重要支撑。

2021—2025 年，城市轨道交通持续发展，各专业技术水平不断提升。据中国土木工程学会轨道交通分会统计，截至 2024 年 12 月 31 日，我国城市轨道交通运营总里程约 11936.3km，通车城市 60 座，运营线路 384 条，相较于 2020 年底 44 座城市、7655km 线路的运营规模翻了近 1.56 倍，城市轨道交通已成为具有相当规模和社会经济影响力的产业。

技术成果方面，多层次轨道交通体系初步形成，首次实现不同制式系统的互联互通；建造技术实现了深大地下空间设计理论及施工工艺的突破；地铁车站装配式建造技术提高了地铁建造的工业化水平；支护结构与主体结构的永临合一，提高了工程质量，降低了工程造价；不间断运营状态下的建造及更新改造技术的应用，保证了既有轨道交通在近接施工区的正常安全运营；应急指挥系统、基础设施智能监控系统的应用使得实时预警和风险评估变得更加高效，整体安全管理水平不断提高；绿色低碳技术贯穿全生命周期全专业；智能调度系统和数据分析的应用，提升了运营效率，减少了能耗和成本；智慧运维安全体系、能源管理、智慧基础设施体系、智慧技术装备体系以及大数据、人工智能和物联网技术正在广泛应用于列车调度、乘客流量管理和故障检测等方面，使得运营管理更加智能高效。

技术发展的同时也面临影响叩持续发展的问题。一是城市轨道交通与市域郊铁路、城市地面公共交通管理体制分割，未能形成深度融合的城市公共交通体系；二是线网客流分布与运力布局不匹配，城市轨道交通整体客流效率偏低；三是面临极端恶劣天气日益增多，系统安全韧性有待进一步提升；四是城市轨道交通作为城市能耗和碳排放大户，尚未建立全生命周期碳排放计量核算标准体系；五是运营环境振动噪声问题日益突出，成为市民投诉热点；六是城市轨道交通线网骨架基本成型，进入了网络完善和优化阶段，技术发展重点在提升运营服务质量、优化设施设备运营维护和更新改造技术；七是城市轨道交通建设和运维成本高，运营收支不平衡，财务可持续性不足、发展动能偏弱。如何提升建设及经营管理水平、提质增效，成为实现可持续发展的当务之急。

2025—2030年也是城市轨道交通发展的战略转型期。面临三个重大转折：一是经济发展从高速增长转向高质量发展，更加注重创新驱动、绿色发展、产业升级；二是科技创新与产业变革转折，以人工智能、大数据、区块链、5G为代表的新一代信息技术加速发展，传统产业加快数字化、智能化、绿色化发展，形成新的产业集群和增长引擎；三是生态环境保护从过去以牺牲环境为代价的发展模式向绿水青山就是金山银山的理念转变，提出碳达峰、碳中和的目标，推动经济社会发展全面绿色转型。本课题研究对2020—2024五年期间行业技术创新成果、行业政策进行了深入分析，结合对北京、重庆、成都、宁波、深圳等地城市轨道交通建设和运营单位的调研成果，开展城市轨道交通技术发展研究，并参照住房和城乡建设部、交通运输部及相关研究单位的研究报告，针对近年来城市轨道交通发展遇到的问题，研究分析提出城市轨道交通总体技术发展原则和发展方向。

国家战略方面，2021年3月发布的《中华人民共和国国民经济和社会发展第十四个五年规划和2035年远景目标纲要》提出，要加快交通、能源、市政等传统基础设施数字化改造，优先发展城市公共交通，推动能源清洁低碳、安全高效利用，深入推进工业、建筑、交通等领域低碳转型。2021年3月，《国务院关于加快建立绿色低碳循环发展经济体系的指导意见》指出，推动能源体系绿色低碳转型，提升交通基础设施绿色发展水平，将生态环保理念贯穿交通基础设施规划、建设、运营和维护全过程，打造绿色轨道交通。2023年3月，交通运输部、国家铁路局、中国民用航空局、国家邮政局、中国国家铁路集团有限公司联合印发《加快建设交通强国五年行动计划（2023—2027年）》，提出要促进综合交通枢纽港站一体化建设，鼓励通过城市轨道交通、快速公交等方式，强化主要客运站间便捷衔接，加快大型综合客运枢纽间直达轨道交通建设。2024年7月，《中共中央 国务院关于加快经济社会发展全面绿色转型的意见》发布，提出2030年和2035年绿色转型发展应达到的主要目标，主要措施包括建设绿色交通基础设施，深入实施城市公共交通优先发展战略，提升公共交通服务水平，到2030年，营运交通工具单位换算周转量碳排放强度比2020年下降9.5%左右。2024年12月1日，《城市公共交通条例》正式颁布实施，对支持和保障城市公共交通发展作了较为全面、系统的规定，目标推动城市公共交通高质量发展、更好满足人民群众高品质出行需要，要求优化城市公共交通运营服务，提升服务质量和水平，一是加强规划调控，二是保障用地需求，三是健全投融资机制，四是完善票价体系，五是落实补贴政策，六是保障优先通行。

行业发展方向方面，《"十四五"住房和城乡建设科技发展规划》提出要建设宜居、创新、智慧、绿色、人文、韧性城市、美丽城市。《"十四五"建筑业发展规划》聚焦智能建造和新型建筑工业化协同发展，提出建设智慧城市轨道交通工程，城市轨道交通工程质量安全责任体系、风险防控体系更加健全，标准化、信息化、智能化水平明显提升。《交通强国建设评价指标体系》提出交通强国国家综合指标为安全、便捷、高效、绿色、经济。《交通运输科技创新重点方向及路径研究报告》提出了未来我国交通运输科技创新发展需要遵循的高效、安全、便捷、智能、绿色五大方向及其关键技术。其中，高效、安全和便捷技术是本质化的交通运输创新技术，智能和绿色技术则是外部技术在交通运输领域应用的结果。

综合上述对新阶段的政策和形势研判以及发展需求分析，新版《纲要建议（2025—2030）》提出城市轨道交通技术发展的总体原则为"**便捷、高效、安全、绿色、经济**"的十字方针。未来五年，城市轨道交通的技术发展要以习近平新时代中国特色社会主义思想为指导，完整、准确、全面贯彻"创新、协调、绿色、开放、共享"的新发展理念。城市轨道交通的技术发展方向以总体原则为目标导向，针对目前行业遇到的财务可持续、客流可持续、韧性可持续、绿色可持续发展的问题，提出了**融合规划、效能提升、安全韧性、绿色低碳、数智融合、人文、系统化**七大方面的技术发展方向。

《纲要建议》的编制难免有疏忽之处，希望城市轨道交通相关单位和同行给予批评指正，同时，随着城市轨道交通技术的快速发展，《纲要建议》的内容将会进一步得到补充完善，希望各有关单位总结实践经验，及时反馈意见。

主编单位：中国土木工程学会轨道交通分会
北京城建设计发展集团股份有限公司
参编单位：上海申通地铁集团有限公司
北京交通大学
深圳大学
北京市基础设施投资有限公司
深圳市地铁集团有限公司
西安市地下铁道有限责任公司
重庆市轨道交通（集团）有限公司
成都轨道交通集团有限公司
广州地铁集团有限公司
宁波市轨道交通集团有限公司
中电建铁路建设投资集团有限公司
北京城建智控科技股份有限公司
北京城建交通设计研究院有限公司
北京城建勘测设计研究院有限责任公司

总体策划：王汉军　夏秀江　于松伟　冯爱军
领衔专家：陈湘生
总体协调：冯爱军　张　巍
各章编写：
　　第一章：冯爱军　于松伟
　　第二章：梁青槐　冯爱军　贺　鹏　李　妍
　　　　　　梁帅文　叶　轩　朱跃辰　邢　星
　　　　　　刘剑锋　李金海　郭佳傲　梁杉彬
　　　　　　李松松　赵家启　黄　磊
　　第三章：任　静　陆　静　王镇波　王思韬
　　　　　　施董燕　付意庄　苏成成
　　第四章：巫　江　段俊萍　王丽敬　张　彦
　　第五章：刘永勤　刘　丹　高　涛　唐明明
　　　　　　罗　兵　张　超　张　波　李世民
　　　　　　何海健　闫宇蕾　余永明　王浩任
　　　　　　吕海敏　朱　旻　李金武
　　第六章：鲁卫东　王奕然　孙名刚　郭泽阔
　　　　　　张　彦　高莉萍　夏瑞萌　陈　鹏
　　　　　　刘　京　刘树亚　曹玉新　姜永涛
　　　　　　修春松　崔宏志　王树英　吴泽洲
　　　　　　马惠颖　刘　磊　孙　杨　刘明辉
　　第七章：张　巍　韩德志　张　辉　刘树亚
　　　　　　郑广亮
　　第八章：于松伟　冯爱军　刘　巍　刘剑锋
　　　　　　李金海　吕周琳　高宇轩
统　　稿：冯爱军　梁帅文　李晨曦
审稿专家：陈湘生　史海欧　张金荣　孙帮成　魏　运
　　　　　刘加华　刘树亚　杨晓强　袁敏正

目　　录

1 总体要求 ··1
   1.1 指导思想 ···1
   1.2 发展方向 ···1

2 融合规划技术 ··5
   2.1 规划理论与方法创新 ··5
   2.2 线网规划与城市发展融合互动 ·······························6
   2.3 多层次城市轨道交通统筹规划 ·······························7
   2.4 与地面常规公交运营协同 ·····································7
   2.5 统筹线网更新改造规划 ··8

3 效能提升技术 ··9
   3.1 线网效能提升 ··9
   3.2 基础设施效能提升 ···10
   3.3 车辆与设备效能提升 ···11
   3.4 资产效能提升 ··12
   3.5 资源共享利用 ··13
   3.6 更新改造升级 ··14

4 人文技术 ··15
   4.1 编制人文设计标准 ···15
   4.2 构建城市轨道交通人文体系 ·······························15
   4.3 打造文旅融合的城市名片 ··································15
   4.4 因地制宜建设城市微中心 ··································16
   4.5 提升运营文化影响力 ···16
   4.6 塑造富有文化内涵的活力空间 ···························16
   4.7 科普与人才培养 ··17

5 安全韧性技术 ··············18
5.1 安全韧性与评价体系 ··············18
5.2 安全风险防控 ··············18
5.3 地质风险防控 ··············19
5.4 环境风险防控 ··············20
5.5 施工安全保障 ··············20
5.6 运营安全保障 ··············22
5.7 多灾种灾害防控 ··············23
5.8 应急保障 ··············24
5.9 质量安全 AI 辅助 ··············24
5.10 健康监测与延寿 ··············25

6 绿色低碳技术 ··············27
6.1 节能与可再生能源利用 ··············27
6.2 环境友好与环境健康 ··············29
6.3 绿色建造与绿色建材 ··············32
6.4 碳排管理 ··············33

7 数智技术 ··············35
7.1 数字化设计 ··············35
7.2 智能化建造 ··············36
7.3 智慧化运行控制 ··············37
7.4 智慧化运维 ··············38
7.5 智慧化客服 ··············40
7.6 智能化装备 ··············41
7.7 数据化资产 ··············42

8 系统化技术 ··············45
8.1 标准体系建设 ··············45
8.2 以城市轨道交通为主体的 MaaS 技术 ··············45
8.3 可持续发展评价体系 ··············46
8.4 行业 AI 大模型架构体系 ··············47

1 总体要求

1.1 指导思想

城市轨道交通的技术发展要以习近平新时代中国特色社会主义思想为指导，以人民为中心的宗旨，完整、准确、全面践行"创新、协调、绿色、开放、共享"的新发展理念，坚持以人民为中心的宗旨，把人民对于便捷出行、高品质交通服务的需求放在首位，同时以新质生产力理论为重要引领，贯彻落实社会主义现代化强国、交通强国、新型城镇化建设和高质量发展等一系列战略部署。以高效能、高质量为基本要求，以创新性、融合性、引领性和超越性为基本特征，促进实现技术革命性突破、资源创新性优化配置、产业深度转型升级、全生命周期全要素建设和运营效能提升，实现城市轨道交通高质量发展的目标。

城市轨道交通高质量发展的总体目标是"便捷、高效、安全、绿色、经济"。以安全为底线，突出便捷，体现以人为本，提升城市轨道交通的综合效能，降低全生命周期成本，推动城市轨道交通的绿色低碳转型。城市轨道交通的技术发展方向以总体目标为导向，从行业可持续发展的角度，提出在融合规划技术、效能提升技术、人文技术、安全韧性技术、绿色低碳技术、数智技术、系统化技术七大方面的技术发展方向。

1.2 发展方向

1.2.1 推进轨道交通与城市深度融合，助力城市发展提质升级。充分挖掘城市轨道交通资源价值，进一步发挥其服务居民出行、提升城市能级、带动产业经济发展的效用。

1.2.2 多层次轨道交通网络协同规划，发挥线网整体效益。从多层次轨道交通系统功能定位出发，优化线网结构，提高城市轨道交通综合运输效率，提升网络客流效益。

1.2.3 优化线网布局，提高乘坐便捷性。开展精细化设计，以乘客的一站式出行体验为目标，提高站点可达性。增强与其他交通方式的统筹规划，实现无缝换乘。

1.2.4 研究综合成本控制技术，打造经济适用型城市轨道交通系统。研究低成本、低碳排、高效率、便捷适用的城市轨道交通系统，与城市地面公共交通协同发展，提升城市公共交通服务水平。

1.2.5 建立既有线网更新改造评估及规划体系，推进线网提质升级。统筹协调城市轨道交通线网结构优化与线路设备设施改造规划，提升既有线网的系统性、匹配性。通过更新改造，优化既有线网结构，提高运营服务水平、降低设备设施能耗与运维成本。

1.2.6 精简优化基础设施建设，降低建设与运维成本。研究并推广应用极简化车站设计建造技术，地下结构永临结合技术，标准化装配式构件、智能调度与灵活编组等运行技术，跨区域资源共享融合发展技术，RAMS资产经营管理技术等，降低建设与运维成本。

1.2.7 提升机电设备与装备性能，促进系统高效运行。研究车辆和机电设备的集成化、集约化和模块化，优化全自动驾驶技术，研究提高设备系统的稳定性和可靠性。研究和推进车—车通信技术，研究信号与车辆的深度融合技术以提升系统的整体运行效率和性能。

1.2.8 开展车站公共空间人文化专项设计，赋能文化属性。引入城市公共艺术与文化，合理运用建筑材料和装饰技术，塑造公共空间的趣味性和艺术感。利用智能化技术提高车站导向设计和人流实时信息共享，结合客流需求提高人性化、适老化服务设施标准，营造安全便捷的乘车环境，满足乘客对出行便捷、舒适和个性化服务的需求。结合地方特色，推动轨道与文旅项目结合，打造专属城市形象。

1.2.9 加强安全风险全过程管理，提高安全风险防范和控制能力。加强安全风险管控及隐患排查治理，建立建设安全协同技术保障体系和隐患排查体系，依托全生命周期安全风险智能化管控平台，提高对重大安全风险防范和协同控制能力。

1.2.10 建立安全韧性体系，保障系统健康运营。从结构韧性、运营韧性和管理韧性三个方面提升城市轨道交通系统安全韧性，提升系统应对重大自然灾害的预防、抵抗、适应和恢复能力，提升防范和应急指挥能力。研究城市轨道交通健康监测及诊断体系。

1.2.11 开展全生命周期碳排放管理，实现碳排放指标逐年下降。研发和推广应用节能与可再生能源利用、环境友好与环境健康、绿色建造与绿色建材等方面的绿色低碳技术。建立并逐步完善城市轨道交通全生命周期碳核算、碳交易、碳普惠等碳排放管理与政策体系。

1.2.12 推动城市轨道交通装备智慧绿色转型升级。研究城市轨道交通振动噪声全过程主动控制技术，改善系统运行环境。推动大数据、互联网、人工智能、区块链、超级计算等新技术与城市轨道交通行业深度融合，优化维修维保工艺，提升设备使用寿命。

1.2.13 推动行业数字化转型，实现全域智慧化提升。推动数字化和智能化技术的有机融合并在城市轨道交通行业的落地，逐步实现数字化设计、智能化建造、智慧化运维、智慧化服务，全力推动装备智能化，打造行业数字资产，激发数据要素价值，形成新质生产力。

1.2.14 依托 MaaS 出行服务平台，提升综合运营服务水平。明确政府、出行服务商、平台运营商、乘客等 MaaS 各方参与主体的权利和义务，建立以城市轨道交通为主体的 MaaS 生态体系和统一标准化数据平台，构建一站式出行服务平台。

1.2.15 研究城市轨道交通可持续发展评价体系，支撑科学决策。围绕经济、社会和环境三个维度，研究建立覆盖不同空间层级、不同生命周期阶段和不同利益相关方的城市轨道交通可持续发展评价目标体系，实现目标层次化、阶段化和多元化。构建城市轨道交通可持续发展评价要素体系，实现评价活动的系统性和科学性。

1.2.16 研究建立城市轨道交通 AI 大模型，构建人工智能基础底座。在社会通用大模型基础上开发建设城市轨道交通行业知识大模型，构建城市轨道交通人工智能基础底座；在行业知识大模型基础上开发建设企业场景大模型，赋能引流降本增效。

1.2.17 完善城市轨道交通标准体系，推动自主创新技术标准国际化。研究编制融合规划技术标准、安全韧性技术标准、绿色低碳技术标准、适老化技术标准、更新改造技术标准及系统评价标准，建立"双碳"技术标准体系和资产数据化标准。

2 融合规划技术

2.1 规划理论与方法创新

2.1.1 创新城市轨道交通规划理念和方法，以提高线网运行效率、提升网络客流效益为总目标，在线网规划阶段融入运营理念，以运营组织为手段，优化网络结构、运营模式和设施设备布局，为乘客提供更高效率和更高品质的服务。

2.1.2 宏观层面聚焦于统筹城市轨道交通线网布局和功能标准。根据城市圈层客流分布特征及功能定位，制定差异化的城市轨道交通服务策略，科学界定城市轨道交通普线服务边界、明确快线站间距、设计速度等技术标准，提升线网整体效能。

2.1.3 中观层面聚焦于优化城市轨道交通线网结构。强化职住平衡关系，构建职住直达联系线路，根据客流需求特征灵活组织运营交路，提升线网直达性。通过合理规划线路敷设方式、重要节点配线设置等，规划线网预留适应城市出行需求变化的运营技术条件。

2.1.4 微观层面聚焦于提升城市轨道交通线网运营服务质量。进行全生命周期的运营组织规划及优化，实现运输能力、运行速度、运营效率、服务水平的全面提升。

2.1.5 通过汇聚人口、就业岗位、土地利用、交通出行、基础设施等各类交通大数据，整合交通规划、统计学、地理信息等领域分析模型，构建城市轨道交通线网分层数据体系，统一数据标准，搭建规划决策数字底座，实现规划数据资产积累，形成资产化的规划数据和规划模型。

2.1.6 依据城市发展多元数据，研究轨道交通与城市发展的互动关系，研发城市轨道交通线网智能生成数学模型，建立线网合理规模计算模型，适应城市发展需求。

2.1.7 针对线网规模扩大和线网结构的复杂化，研发适合城市发展曲线的线路建设时序计算模型，提高建设规划的科学性及合理性。

2.1.8 基于数字化监测评估技术，开展城、人、地、产等多个维度动态监测和态势分析，从网络、线路、车站、列车等多个尺度进行定期监测，分析城市与轨道交通协同发展的内在规律，识别二者协同发展中存在的问题，研究线网与乘客出行精准匹配模型，实现城市轨道交通系统高效运行，提升乘客出行品质。

2.1.9 结合复杂网络理论和线网运行指标，通过对车站服务、用地潜力、交通需求等开展精准画像，全面洞察城市轨道交通周边人口就业、土地利用、商业发展、交通接驳等情况，研究城市轨道交通线网评价方法和指标体系，实现城市轨道交通全生命周期多维度、多要素的综合效益评估。

2.2 线网规划与城市发展融合互动

2.2.1 城市轨道交通线网规划与城市国土空间规划、土地资源利用规划融合互动，实现土地资源、地下空间资源的分层次、集约高效利用。

2.2.2 探索并实践城市轨道交通"轨道跟着人走"的HOD（Human-Oriented Development）发展模式，加强城市轨道交通与用地在功能、空间、人文等方面的深度融合，实现站城融合，促进城市高质量发展。

2.2.3 以市域/市郊铁路和市域快速轨道交通发展为契机，统筹做好市域轨道交通廊道与沿线城市规划，把握轨道交通建设和城市发展的节奏，提高城市空间利用强度，促进多区域职住平衡。

2.2.4 以车站为核心，进行高强度、多功能的混合开发。优化城市轨道交通车站出入口的布局，使其与周边主要建筑物和人流集散点紧密相连。在垂直方向上，合理布局地下商业空间、停车场和交通换乘设施，地面层设置便捷的步行通道、公共广场和绿化景观，上层建设商业写字楼、公寓住宅和酒店等。通过功能的混合，构建24小时活力社区。

2.2.5 推进车站与周边建筑一体化设计，注重空间的开放性和互动性，创造丰富多样的公共空间，加强与周边现有社区和商业设施的衔接，形成有机的整体。

2.3 多层次城市轨道交通统筹规划

2.3.1 制定多层次轨道交通融合规划的顶层设计，明确技术标准和运营规则，研究多制式轨道交通互联互通条件下的基础设施协同规划与资源共享。

2.3.2 统筹大、中、低运能等级的线网规划与建设规划融合互动，因地制宜构建地铁系统、轻轨系统、跨座式单轨系统、悬挂式单轨系统、自动导向轨道系统、有轨电车系统、导轨式胶轮电车系统、中低速磁浮系统、市域快速轨道交通系统、高速磁浮系统、电子导向胶轮系统等多制式协同发展的多层次城市轨道交通网络。

2.3.3 推进城市轨道交通系统运能分级，明确分级建设标准，因地制宜推动不同运能系统建设，合理控制工程投资。

2.3.4 结合都市圈总体空间规划，统筹规划市域快速轨道交通系统，研究公交化运营关键技术。

2.3.5 研究轻量化、灵活化、绿色化、低成本的中低运能城市轨道交通系统，统一系统技术标准和产品标准。

2.3.6 加强综合交通枢纽的建设，提高枢纽的集散能力和换乘效率，统筹协调各种交通方式的衔接换乘，提升综合交通效益。

2.3.7 拓宽融资渠道，吸引社会资本参与城市轨道交通建设，推动不同投资主体之间建设和运营管理协同。

2.4 与地面常规公交运营协同

2.4.1 根据城市发展规划、人口分布、出行需求和交通流量，合理规划城市轨道交通和地面公交的网络布局、线路布局以及运营协同。

2.4.2 推动城市轨道交通与地面常规公交的运营组织协同，在交通走廊选择、站点设置、接驳换乘等方面统筹规划，根据不同功能定位，合理分配客流，发挥城市公共交通整体效能。

2.4.3 通过引入先进的交通管理系统和智能调度技术，促进城市轨道交通和地面公交的运营协同，提升城市公共交通的总体运输效率。

2.4.4 研究新型地面敷设的低运能城市轨道交通系统制式，发挥轨道交通在中运量公交中的骨干作用。

2.5 统筹线网更新改造规划

2.5.1 结合城市更新实施线网更新改造规划，以线网布局、线路承载能力为基础，划定城市重点更新区域，并与其他基础设施改造规划相互协调，合理调整用地功能、提升周边开发强度，促进以轨道线路引导的职住平衡发展，不断优化交通整体基础设施系统效能。

2.5.2 推行交通引导城市更新（TOR）（Traffic-Oriented-urban Renewal）的理念。通过对轨道交通站点综合改造，在周边合理增加商业区、住宅区和办公区的指标，促进人口和就业的集中，减少通勤距离和时间。

2.5.3 科学评估城市轨道交通线网效能，结合城市发展需求、设备系统更新迭代、服务水平优化提升等要素综合决策更新改造规划。

2.5.4 根据不同类型既有线网改造项目的改造时机、改造目标、改造要求分类推进，保障线网与城市发展需求和设备设施技术更新迭代相适应。

3 效能提升技术

3.1 线网效能提升

3.1.1 发展以定量分析为主的城市轨道交通线网评估技术。引入更多精细化的参数和变量，精准定位既有线网和规划线网的优势与短板，科学识别重要客运廊道，为既有线网改造、规划线网优化提供方向与依据。通过增建联络线、局部线网优化、设备改造等措施，实现跨线运行，降低线网换乘系数，提高线网直达性。

3.1.2 推进基于多元大数据的城市轨道交通客流高精度预测技术，包括短期客流预测、长期客流预测、非常态化运营场景下客流行为预测。

3.1.3 研究城市轨道交通线网规模与城市用地边界的适配性与评价技术。

3.1.4 开展都市圈多层次轨道交通线网规划，包括线网制式结构决策方法、不同制式系统衔接方法、多制式轨道交通跨区域互联互通背景下车辆基地资源共享方法，为城市轨道交通线网、线路跨区域协同方面的效能评估提供技术支撑。

3.1.5 研究城市轨道交通与市域（郊）铁路、城际铁路、干线铁路相融合发展的理论、方法以及机制，推动多网之间功能融合、管理协同、服务一体、换乘便捷，为多网融合方面的效能评估提供技术支撑。

3.1.6 发展基于一体化运营场景的城市轨道交通线网功能优化及衔接和融合技术，推进城市轨道交通与常规公交、小汽车、慢行交通之间的融合规划，为多交融合方面的效能评估提供技术支撑。

3.2 基础设施效能提升

3.2.1 推动极简化车站设计。在满足基本功能需求和注重智能化及人性化的前提下，实施弱电系统集约化、信号系统等设备集中化和机电设备极简化等，降低土建结构规模；研究设备用房和管理用房采用软隔离等技术，实现车站建设的经济性、高效性和可持续性。

3.2.2 研发适用于地下空间永临结合结构的防渗漏专项技术，研究不同永临结合结构的计算方法，加大永临结合结构应用范围，以提高建造效能。

3.2.3 深化装配式轨道建造技术研究。以标准化设计、工厂化制造、机械化施工、互换修技术等为方向，继续深化以预制装配化建造理念为核心、机械化施工为支撑的装配式轨道技术研究，进一步提升施工质量、提高施工效率、降低施工难度、减少用工数量、降低环境污染、方便养护维修。

3.2.4 研究应对大客流的既有线网列车扩编和车站扩挖改造、车站站台拓宽、车站增加配线等技术，以提升既有线网的效能。

3.2.5 推动异形盾构、机械法联络通道建造技术，进一步研究盾构法扩建车站技术。

3.2.6 推动城市轨道交通工程全生命期信息管理技术。研究以BIM（建筑信息模型）为数据基础，整合应用GIS（地理信息系统）、物联网、人工智能等技术搭建综合平台。在设计阶段，实现跨地域、跨单位、跨专业的三维协同设计，服务设计全过程的数字化协同管理，并提供建模效率工具包提升设计效率；在建设阶段，平台重点集成各类动态数据，结合标准化管理流程和职责对项目建设进行协同管理；在运维阶段，平台集成竣工数据和数字资产，通过自动化数据集成形成运维数据库，以数据驱动标准化车站运维管理业务流程，提升运维管理智能化水平。

3.2.7 通过智慧安检、精益安检和群防安检等措施优化城市轨道交通安检系统。推广自动识别、先进成像等智能技术，并结合票务系统实现安检票务一体化；提高检出率与通行率，减少人力依赖，实现智慧安检。

3.3 车辆与设备效能提升

3.3.1 研究车辆和机电设备的集成化、集约化和模块化，研究提高设备系统的稳定性和可靠性。

3.3.2 推广和应用全自动运行技术，以运营需求作为全生命周期管理主线，将与运行效率、运营质量直接相关的关键运营场景作为全生命周期抓手，在各阶段循环验证各专业的匹配性并持续进行优化。同时，注重提升系统可靠性和可维护性，强化系统功能测试与评估优化，强化全自动运行线路在运营策划、场景识别、需求分配、功能实现和以可靠性、可用性、可维护性、安全性目标为核心的 RAMS 系统性设计，避免系统脆弱性，助力全自动运行系统在运输安全、服务、效率、效益提升上的持续演进和迭代升级。

3.3.3 研究应用列车自动联挂解编技术、列车控制系统快速重构技术和列车运行状态自动识别与动态适配技术，实现列车在线快速灵活编组、列车自动切换车载网络配置、运能运量动态匹配等功能，以适应城市轨道交通线路在差异化客流条件下运量与运力的最佳协同。

3.3.4 发展智能调度技术，围绕日常监视与管理、应急指挥管理、施工执行与管理等调度运营生产的核心业务板块，强化数据资源在行车组织、客运组织、设备运维等专业领域的深度集成。推动业务效能在线网层—线路层—现场层的协同进化，建立统筹城市轨道交通内外资源要素的应急指挥综合协同联动平台，提升对运营状态数据和应急处置现场进展的感知、实时汇集和动态展示能力，通过数字化预案、辅助计算提供智能辅助，打造"指挥调度有力、处置快速高效"的应急指挥体系。

3.3.5 研究和推进车—车通信技术，研究信号与车辆的深度融合技术，以提升列车的整体运行效率和性能。研究以列车为中心，将轨旁系统功能迁移至车载的整合车载系统技术。

3.3.6 构建多专业高度集成的网络级智慧维保平台，深度挖掘运营监测数据并进行更科学合理的分析和应用。同时，开发专业化的智慧维保工具和装备，实现精准定位、海量数据协同、实时智能分析、智能机器人作业等功能，推动"预防性维护"向"预知性维护"转变。

3.3.7 研究车辆运行状态实时监控与健康评估技术；研究基于多元大数据建立更科学的车辆延寿评估体系等；研究供电设备状态实时感知预警技术、建立设备全寿命管理模式等；研究通信信号设备高精度、高频次设备状态在线感知及监测、故障智能诊断等；研发更为智能、全面的全断面检测车、自主化钢轨洗磨车和巡检机器人等；针对弓网、轮轨、噪声振动等跨专业场景，研究更先进的分析技术，建立集数据采集与分析诊断于一体的仿真分析平台工具。

3.3.8 研究车辆和机电设备的集成化、集约化和模块化，研究提高设备系统的稳定性和可靠性。

3.4 资产效能提升

3.4.1 依托数字化技术发展，构建多元化、信息化、网络化的城市轨道交通媒体矩阵，完善商业经营与新线建设、网络运营的协同机制，开发线上移动互联网平台经营新模式；建立基于移动应用的出行旅游购物餐饮服务一体化平台，合理规划车站商业场景，发展线上线下相融合的智能化商业模式，提升增值服务体验；融合AI技术，研究基于智能机器人的经营新业态模式；推进传统传媒业务向互联网信息媒体转型，拓展电子媒体应用场景。

3.4.2 深化风险评估与监测、风险应对与处置以及资产价值管理相关理论方法，实时监测重要运营数据，形成系统科学的评估体系，建立科学的风险应对和处置策略，实现城市轨道交通资产全生命周期管理。

3.4.3 研究利用既有城市轨道交通线路设施布置城市管线技术。尤其是管线荷载、运营维护周期和运营安全与城市轨道交通运营的相互影响机理。

3.4.4 研究既有车辆基地土地再利用技术，通过延伸线新增车辆基地进行功能置换、利用建设时序差腾出部分基地，对具有开发价值的既有车辆基地进行综合开发，提高土地复合利用价值。

3.4.5 推动车站消防防灾设计标准的深入研究，为车站设置商铺及与周边商业有机结合提供标准支撑。

3.4.6 既有城市轨道交通设施特定时段的运能余量利用技术，包括城市物流、仓储、储能等应用的安全性论证技术。

3.4.7 研究低空飞行器在城市轨道交通运营线保护区防控的配套技术，研究飞行航线、频次、与禁飞区衔接、数据处理等技术。

3.4.8 探索低空经济在城市轨道交通效能提升方面的技术发展路径和产业方向。研究倾斜摄影技术在城市轨道交通选线、土方精算、交通导改等方面的技术结合模式。探索低空飞行器物流基地、停靠平台与车辆基地共享布置等技术。

3.5 资源共享利用

3.5.1 基于增设线路间联络线、信号系统互联互通、车辆关键部件统型等措施，研究网络车辆资源高效配置策略；基于调整车辆基地布局、检修资源布局、供电网络布局、调度网络布局、应急抢修资源布局等措施，研究网络车辆基地、主变电所、控制中心、应急抢修点的高效共享。

3.5.2 利用既有线网改造时机，推动既有线网优化与重构全自动运行关键子系统，重点研究信号系统、车辆系统、通信系统、综合监控系统、站台门系统的升级改造技术，分阶段实施全自动运行改造。

3.5.3 研究跨区域的资源共享技术与经济最优化评价技术，重点推进检修资源、装备制造、人员培训的跨省市统筹与共享。

3.6 更新改造升级

3.6.1 利用既有线网改造时机，推动既有线网优化与重构全自动运行关键子系统，重点研究信号系统、车辆系统、通信系统、综合监控系统、站台门系统的升级改造技术，分阶段实施全自动运行改造。

3.6.2 积累浮置板道床不停运更换改造技术，注重智能化和自动化水平的提升，通过引入智能机器人、自动化施工设备等，实现施工过程的智能化控制和自动化作业，提高施工效率和安全性；加强标准化和模块建设，制定统一的设计、施工和验收标准，开发标准化的浮置板模块和隔振器组件，实现浮置板轨道技术的快速组装和更换，降低施工成本和周期。

3.6.3 研究在线减振性能提升改造技术，在轮轨匹配关系优化、轨道结构、传播途径等环节进行技术、产品和工艺研发。

4 人文技术

4.1 编制人文设计标准

4.1.1 逐步建立国家、行业、地方人文技术的设计标准。从人的物质和精神视角出发，结合车辆选型、车站空间设计、艺术氛围营造、无障碍设施布局、站内爱心服务等，提出人文技术的落地范围和设计要点。

4.1.2 构建轨道交通与城市融合的人文技术设计标准。站在城市人文视角，结合区域在地属性和功能特征，对车站、车辆段、区间等轨道交通重大建构筑物的控制要素提出要求，促进轨道交通与城市道路、文物保护、街区文化、建构筑物、绿地景观等城市公共空间的有机融合。

4.2 构建城市轨道交通人文体系

4.2.1 提出规划、设计、建设、运营全生命周期人文控制要素及手段，循序渐进推动城市轨道交通人文体系的落地。

4.2.2 建立从线网与城市、站点与区域、空间与环境、设施与服务等多层次的人文体系，提升城市人性化水平。

4.2.3 形成对市民、游客、弱势群体、无障碍人士、站内工作人员等多维度的人文关怀体系，构建全龄化的城市轨道交通服务，展现城市公共服务的温度。

4.3 打造文旅融合的城市名片

4.3.1 开展车辆造型艺术设计、营造区间景观环境、塑造车站活力空间，将轨道交通打造成城市靓丽的风景线。

4.3.2 构建服务专业化、活动多样化、空间特色化和产品创新化的城市轨道交通特色服务，增强游客的参观互动和打卡体验，打造城市轨道交通与文旅深度融合的城市品牌。

4.4 因地制宜建设城市微中心

推进具有场所感和识别性的城市公共空间设计理念。依托站点创造人性化、开放性的公共空间，推动车站空间与城市公共空间的深度融合，围绕轨道车站塑造高品质的城市公共空间，改善市民出行环境。

4.5 提升运营文化影响力

4.5.1 聚焦改善出行体验，通过无障碍换乘、第三卫生间、母婴室、爱心小屋等的设置，实现以空间为载体的多元便民服务设施，营造"全龄化"乘车环境。

4.5.2 渐进性设置导引系统。利用数字技术创新标识设计；增强安全须知的趣味性和故事性；广告投放体现互动性和参与性，提升城市轨道交通服务的多样化。

4.5.3 关注乘客多元文化需求，丰富城市轨道交通文化内涵，突出品牌建设。加强文化产品创新、开展城市轨道交通场景下的文化艺术活动，促进城市轨道交通的"再造血"功能。

4.5.4 加强运营主体与市民间的交流互动，提供微笑互助的客运服务，提高文化宣传效果，共同营建城市轨道交通公共文化生态。

4.5.5 研究城市更新下的车站保护与升级改造设计策略。探讨如何通过既有车站的保护与升级改造，优化城市功能，改善环境质量，提升治理能力。

4.5.6 构建远景蓝图与近期实施相结合、可有机生长的车站设计技术。依据区域、线路发展规划制定循序渐进的车站发展策略和实施方案，科学预留，分阶段实施，降低初期建设投资。

4.6 塑造富有文化内涵的活力空间

4.6.1 打造具有形式美、秩序美、意境美的城市场所，加强站点、出入口、风亭等建（构）筑物的文化内涵；突出"乘客体验"，推广公共艺术，塑造充满活力的城市公共空间新风范。

4.6.2 推广重空间、轻装饰的设计手法，减少非标用材和超大规格用材的比例，营造自然舒适、整体统一、细部精美的城市轨道交通空间。

4.6.3 探索装置艺术与空间环境的融合设计。合理配置灯光技术、投影技术、数字技术等进行空间活力的营造，探索以"文化＋科技"建立场所感的融合方式，建设城市文化艺术发展的展示窗口和创新基地。

4.7 科普与人才培养

4.7.1 提高城市轨道交通专业人才队伍的整体素质和能力水平，创新人才培养模式。加强与高校和科研机构的合作与交流，推动产学研用深度融合。

4.7.2 开展安全知识、避险、防范、逃生的科普活动。各地适当开放安全体验馆和应急基地，让市民体验城市轨道交通各种灾害发生、预警、应急的模拟仿真场景，了解避险、逃生的基本技能。

4.7.3 全方位看展科普活动。通过专家讲座、科普竞赛、图文书籍、多媒体展示、实物模型等呈现城市轨道交通的专业知识，向全社会普及城市轨道交通科普知识，提高大众对行业的认知。

5 安全韧性技术

5.1 安全韧性与评价体系

5.1.1 安全韧性是系统在面临内外部扰动时的抵抗、吸收、恢复及保持基本功能和结构的能力。增强系统的感知、响应、学习和预测功能，建设韧性城市轨道交通工程，提升预防、抵抗、适应和恢复能力，降低事故或灾害破坏发生的概率，减轻事故或灾害对城市轨道交通工程的负面影响，减少系统恢复正常运行的时间，提升城市轨道交通系统安全韧性，是贯穿城市轨道交通全生命周期的持续性工作。

5.1.2 建立综合考虑结构劣化、施工扰动等确定性事件，以及地震、爆炸等概率性事件的韧性评价指标及其计算方法，构建地下空间关键基础设施全寿命周期结构韧性评估标准模型，探明扰动—演化—修复全过程的韧性演化规律和提升方法。从结构性能、资源调配效率、维护和修复成本等多个维度动态评估韧性水平，根据真实灾情下的多变和紧急需求，实现城市轨道交通系统结构的韧性设计和应急资源的科学配置。

5.2 安全风险防控

5.2.1 形成工程建设安全可控的技术体系和控制标准，运用全域感知、AI＋万物互联、大数据与深度学习构建智能化风险（源）识别、预警和应急救援平台，从建设全过程提高对工程重大安全风险防范和协同控制的能力。

5.2.2 通过大数据挖掘技术，推演安全事故成因、概率，完善风险评估标准，构建安全事故概率和损失分布模型，提升风险评估成果准确度。提升风险因素识别、风险态势把握能力水平。

5.2.3 建立建设阶段与运营阶段数据互通的安全风险智能化管

控平台，利用机器学习、自然语言处理、大数据分析、5G通信、物联网等技术，建立强大的安全监管、风险动态分析与管控、应急救援指挥信息系统，实现安全信息互联，数据学习与迭代，提升城市轨道交通建设安全风险管控精准化及智能化水平。

5.3 地质风险防控

5.3.1 构建基于综合勘探（地质调绘、钻探、物探、化探、历史数据分析）手段和大数据分析技术的高精度精细化勘察技术体系，提高地质信息的勘探精度，减少地质盲区，防控地质风险。

5.3.2 采用瞬变电磁法、地质雷达法、高密度电法等综合勘察技术，针对复杂地质区域，结合两种以上技术进行探测。通过理论、模拟和试验研究提高勘探技术的高精度成像。综合处理不同物理场数据，对比分析成像结果，减少单一方法的不确定性。开展物探数据融合研究，利用数学物理方法处理反射系数，实现多源数据统一成像，提高城市复杂环境下勘察的精度和效率。

5.3.3 研究推广数字化、智能化钻探设备，实现钻探过程"真打钻、真测试、真取样"三真数字化采集，做到管理层面"实人、实时、实地"三实数字化管理，将依靠人工作业和人工管理的钻探过程通过数字化钻机和大数据服务系统全面升级为数字化管理。

5.3.4 建立数字化标准和地质数据库，整合多源异构地质信息，实现地质数据的高效存储、智能处理和共享。提供高精度建模、模拟基坑和隧道开挖、空间分析和规划分析，实现智能勘测。

5.3.5 研发盾构施工超前探测地质预报技术和装备，为盾构机安装多手段、全方位的感知系统，实时感知掘进面地质变化，及时调整掘进参数，规避地质风险。

5.3.6 推广地质风险评估技术，划分地质单元、预测风险事件、评估风险等级、提出防控措施、编制评估报告，以达到风险预知、精细防控的目的。

5.4 环境风险防控

5.4.1 构建多维度、多层次、多方法的周边环境调查技术体系，与大数据、人工智能、遥感技术相融合，提升调查精度和效率。

5.4.2 构建"空天地、浅中深"一体化的地下管线精细化探测技术体系，攻克传统方法探测效率低、精度差、盲区多等难题。

5.4.3 推广利用 L 波段雷达卫星对城市区域进行扫描，通过分析卫星影像数据中的介电常数变化，探测地下管道泄漏。

5.4.4 研发针对不同类型管线（如燃气、供水、排水等）的专用管道探测机器人，搭载摄像头、传感器等设备，实现对管线内部状况的高清拍摄和数据分析，发现潜在隐患。

5.4.5 研发城市地下管网综合预警平台，解决当前城市轨道交通建设和运营过程中地下管线监测多源数据融合难、健康评估复杂、预警准确性差、应急调度效率低等难题。

5.4.6 构建基于风险等级和经济比选相平衡的周边环境风险防控技术遴选体系，灵活运用拆除、改移、岩土加固、结构加强、隔离等治理技术，达到风险可控、经济合理。

5.5 施工安全保障

5.5.1 构建房屋市政工程施工安全数字化预警体系，实现极端天气、生产安全事故、证照状态等预警信息的全覆盖和及时精准推送。制定智慧安全工地技术标准和评价标准，实现施工现场安全监管业务流程标准化、安全条件可视化、关键数据结构化。

5.5.2 研究推广盾构隧道内脱壳及地下对接技术，针对地面无接收条件的盾构出洞难题，通过精确制导及智能监控技术实现盾构对接，快速完成盾构施工多次进出洞，破解长距离掘进施工出土效率低、掘进速度慢等问题，有效提升施工进度，保障工程安全。

5.5.3 推广盾构施工钢套筒始发接收技术，使盾构机在钢套筒的保护下顺利完成始发和接收，保障施工安全。

5.5.4 针对暗挖车站净空小、移动困难等特点，研究地下暗挖车站机械化施工技术。采用立方体拼装方式完成地下连续墙成桩机械组合，有效解决当前地下水位上涨带来的各类施工风险，提升暗挖地下施工作业的机械化程度及安全性。

5.5.5 研究推广高性能喷射混凝土单层衬砌结构施工技术。采用具有超高早期强度、低回弹率、强防水等级的高性能喷射混凝土，通过湿喷工艺一次成型，可以取消防水层和二次衬砌，具有防水性能好、强度高等特点，攻克当前城市轨道交通施工面临的地下水位高、渗漏治理难度大的问题。

5.5.6 推广热电冻结器研发与局部冻结速冻技术，实现通电即制冷冻结的效果。与传统冻结技术相比，无需设置冻结站，冻结速度更快，耗时短，综合成本低，能够根据工程需要实现分段冻结、定向冻结和强制解冻，无需冷媒介质，电能直接转化为"冷能"，更加经济，采用天然水循环，无污染。

5.5.7 推广基于点、线、面式自动化监测技术，实现全方位的自动化监测采集，结合自动化数据计算、成果生成、智能化的预警、健全的评价体系，逐步实现基于卫星定位测量（点式监测）、机器视觉测量（点式监测）、分布式光纤感测（线式监测）、孔径雷达测量（面式监测）等技术的城市轨道交通建设工程智能化安全监测。

5.5.8 推进自动化监测系统的应用，集数据自动化采集、传输、处理、存储、安全风险评估、预报警、信息可视化、信息共享于一体，包含工程项目信息档案库、监测仪器设备库、监测项目管理库等，实现监测工作从外业采集、内业处理、到资料审核、归档各环节信息的无损传递。

5.5.9 在基坑、隧道开挖前采用声呐检测、微电压检测等方法对围护结构的渗漏情况进行检测，确保开挖过程中不发生大的涌水涌砂事故。

5.5.10 采用地质雷达和电磁波层析成像技术结合，通过高频电磁波扫描和多方向数据测量，精确检测和评估结构下方空洞。推广无人机搭载的探地雷达系统，实现高效、无损、非接触空洞检测。

5.5.11 因地制宜采用装配式车站、装配式构件等施工技术，实现现场施工装配化，减少现场作业面和操作人员，有效防控现场作业风险。

5.6 运营安全保障

5.6.1 建立针对城市轨道交通运营基础设施及周边管网的监控体系，通过智慧化手段对线路、轨道、路基、桥梁、隧道、车站等基础设施开展运营检查、监测与状态评价等工作，掌握运营基础设施的技术状况及安全状态，保障安全运营，不断提高运营安全管控水平。

5.6.2 在运营安全管理中，通过全面的大数据智能抓取、分析判断和人工智能学习算法，实时监测和分析各种城市轨道交通专业大融合背景下潜在的各种风险因素，从而提前发出预警，确保运营单位能够及时采取措施，避免事故的发生。

5.6.3 利用物联网技术、传感器网络和激光雷达技术，对车辆、通信、列控系统、隧道线路设施等关键设备进行实时监控和故障诊断。当设备出现异常时，系统可以自动调整或关闭相关设备并发出报警信息，确保运营安全。

5.6.4 安装具有自动唤醒、自动行驶、精确停车等功能的全自动驾驶系统，可减少人为操作失误，在确保运营安全的前提下，同时能缩短列车追踪间隔，提升调度水平，节约利用车组，提高运营效能。

5.6.5 研究无感探测技术，实现对进站乘客人身及携带品的无感智慧安检，提升安检质效；同时通过视频分析和图像识别技术，可以实时监控乘客在车站和列车内的全过程行为，及时发现并处理异常情况。

5.6.6 研究推广基于振动光纤传感器、智能视频分析和电子围栏的隧道防入侵系统，防止外界施工、非法入侵等活动对城市轨道交通隧道造成损坏。

5.6.7 研发具备高稳定性、长续航能力的无人机系统，搭载高清摄像头、红外热成像仪、激光雷达等传感器设备，结合AI图像识别技术，自动识别施工活动、地面沉降、地质变化等潜在风险因素，并生成巡检报告和建议措施。

5.7 多灾种灾害防控

5.7.1 建立多灾种的防灾体系，通过高标准保障支撑体系的建设和良好运行，提高城市轨道交通系统整体抵御突发事件和自然灾害的能力，助力城市韧性水平的提升。

5.7.2 基于物联网、GNSS（全球导航卫星系统）、云计算及信息通信技术等构建地质灾害监测、分析、预报预警和应急服务于一体的信息化、智能化和可视化服务平台，实现灾前、灾中、灾后全生命周期动态管理，全面提升对突发性地质灾害的分析、预警、处置和服务的能力，为政府相关部门进行地质环境与地质灾害决策管理和社会服务提供技术保障。

5.7.3 应用防坍塌预测预警技术。采用地震波CT探测获取地层波速，通过地震波波速、波速梯度等与冲击危险性密切相关的特征参量，预测潜在的危险区域。

5.7.4 构建城市轨道交通内涝安全风险评估体系，开展高风险车站积水深度评估，计算车站出入口按不同暴雨强度下的内涝水位分级，研究应对措施及防涝资源配置标准。

5.7.5 构建与气象联动的综合防台风体系，应对台风对城市轨道交通工程施工现场和运营产生的影响。

5.7.6 在地震设防烈度高的地区，构建与地震监测联网的灾害防控系统，以确保地震发生时，人员能够及时疏散到地面。

5.7.7 构建防火、预警、灭火、疏散、排烟一体化火灾治理体系，并定期开展火灾应急演练活动。

5.7.8 开展新型人防防护设备的研发和应用，实现人防设备的智能化，满足现代化战争新型武器对人防防护设备的防护能力、防护维度和反应速度的要求。

5.8 应急保障

5.8.1 建立全灾种应急通信系统，整合视频会议、移动设备等多种通信手段，确保信息的及时传递。研究应急物资配备标准，根据应急施工特点储备物资，并建立应急准备能力评估体系，对参建单位进行评估，以增强应对突发事件的能力。

5.8.2 建立建设与运营一体化的应急救援体系和智能化精准管控平台。基于BIM、大数据、智能化、移动通信、云计算等技术，分类研究事故与应急的场景构建设计、AI训练样本，构建智能分析预警模型、物联网协同控制模型等，建立强大的安全监管、智慧运维和应急救援指挥系统，实现安全信息互联共享，提供险情和应急处置的辅助决策支持，提高精细化、精准化安全监管水平。

5.8.3 推广应急设计。在高风险工程中开展应急设计，将可能发生的渗漏、坍塌等需要的注浆管、应急降水井等提前设计在图纸中，以便及时抢险。

5.9 质量安全 AI 辅助

5.9.1 通过大数据学习建立城市轨道交通安全规范知识库、质量验收知识库、设计标准知识库、城市轨道交通施工作业规程知识库、政策法规知识库、专业书籍知识库、科技论文知识库，并结合质量安全大模型自然语言处理、语音、计算机视觉能力，以对话的方式提供随时可查阅最新质量安全标准、规范、法规文件的功能。

5.9.2 研发面向城市轨道交通行业的图像识别工具。建立城市轨道交通典型安全问题知识库（包括施工现场典型安全问题图片、问题描述、整改后的正确做法图片、整改措施描述、标准做法推荐）、质量通病知识库（包括施工现场典型施工质量问题图片、问题描述、整改后的正确做法图片、整改措施描述、标准做法推荐），并结合质量安全大模型自然语言处理、语音、计算机视觉、多模态能力，实现用户可以随时拍照并提问，实现快速识别并分析图片潜在质量安全问题，提供专业的诊断结果和解决建议。

5.9.3 基于海量的现场施工监控图像及现场隐患图像样本，利用自监督预先训练等人工智能机器学习方法，构建城市轨道交通建设现场隐患自动识别模型，自动识别现场安全隐患。

5.10 健康监测与延寿

5.10.1 研究构建全过程、全专业、全要素、全自动的结构、轨道、车辆、系统及设备设施健康检测、诊断技术体系，建设全面感知网络，实现对其工作状态不间断的监测。

5.10.2 制定精细化养护运维的管理体系，研究快速修复工艺，加快形成病害治理、应急救援的成套化技术和装备。

5.10.3 通过预应力钢绞线为管片施加预应力提高管片的承载能力，该技术能够有效降低管片结构的配筋率，绿色低碳，可以提升管片预制拼装隧道的整体稳定性，解决当前隧道结构的上浮及管片渗漏等问题。还可以根据需要设置多道预应力锚索，提升管片结构的整体性能。

5.10.4 研究运营线路结构渗漏自动化监测、检测装备及技术，通过温湿度传感器、红外热成像技术，准确识别渗漏区域、定位渗漏点、评估渗漏程度。应用GIS技术与水文地质、水文监测结合，进行隧道水害防治和动态管理。

5.10.5 系统研究运营隧道性能退化机理，研发结构健康智能诊断及服役性能智能评估技术，研发运营安全智能预警技术及装备，形成城市轨道交通运营隧道病害诊治与复位、韧性提升及速度恢复综合技术，全面提升御灾和抗退化能力，延长使用寿命。

5.10.6 通过分析既有结构的裂缝状态及渗漏状态，注入不同的注浆材料实现治漏、治渗的效果。注浆材料根据裂缝特征、渗漏情况进行调制，从源头上解决混凝土结构的渗漏问题，有效提升结构的整体性能。

5.10.7 研究推广全断面一体化检测装备，推动隧道巡检、轨道巡检机器人研发及应用。通过视觉识别、红外热成像和超声检测等功能，配备高精度测量设备，实现隧道内壁、轨道和接触网的自动化检测，实现城市轨道交通结构形面变化的精准、高效、快速和自动化测量；结合城市轨道交通隧道等设施结构形面变化状态智能识别方法，实现隧道结构病害智能识别。

6 绿色低碳技术

6.1 节能与可再生能源利用

Ⅰ 牵引供电系统节能

6.1.1 积极推广牵引整流逆变一体化双向变流技术应用，扩大飞轮储能技术和电容储能技术在牵引供电系统的应用。

6.1.2 开展基于"源—网—荷—储"绿色高效供电系统技术研究，通过光伏声屏障、边坡光伏、车站及出入口光伏、车辆基地光伏应用，实现绿色能源在牵引供电系统负荷侧的直接应用。

Ⅱ 车辆节能

6.1.3 持续推进车体轻量化技术研发。进一步降低车辆采用碳纤维材料全寿命周期成本，利用轻量化材料和先进制造技术，降低车辆自重，提高能效和运行效率。

6.1.4 大力推广清洁能源在车辆中的应用。逐步增加清洁能源在城市轨道交通车辆能源的占比，减少对环境的污染和能源消耗。

Ⅲ 建筑节能

6.1.5 积极推广基于客流预测数据的车站分级和布局优化、多运营场景精准化行车组织等技术控制建筑规模。实现公共区布局的精细化设计，降低设施、设备冗余，控制建筑规模和设备容量，减少车站运营期的相关运行能耗。

6.1.6 推广高架车站被动式太阳能获取技术。通过自然手段收集和分配太阳能，利用自然热传导、对流和辐射等能量流来实现站内温度的调节，减少主动式设施配置与运行能耗。

Ⅳ 暖通空调节能

6.1.7 积极推广水冷直膨式空调系统在新建线路中的应用。取消空调冷水换热环节并实现空调设备机电控制一体化，提升系统运行效率，降低系统运行能耗，减少制冷机房占地空间。

6.1.8 积极推广高效空调制冷机房、基于负荷预测的节能控制系统等技术的应用。结合精细化的设计、施工和调试，全面挖掘传统通风空调系统的节能潜力。

6.1.9 开展线路初期低负荷工况下系统高效运行技术研究。探索通过优化冷水机组选型与配置、设备分期实施等策略，避免"大马拉小车"，保障系统设备各运营年段均能在高效区运行。

6.1.10 开展设备管理用房空调系统优化研究。探索通过风冷/水冷多联机空调以及氟泵多联机房空调等技术的应用，实现按需供冷，保障温控效果，降低系统运行能耗。

Ⅴ 照明节能

6.1.11 积极推广物联智慧照明系统技术应用。利用超大规模物联专用协议组网，形成车站公共区物联网络系统，进行车站不同区域精细网格化分区控制，实现车站不同区域定制化精细照明控制策略及智能巡检等拓展功能。

Ⅵ 电扶梯节能

6.1.12 加强电扶梯智能化检测与控制研究。进一步提升电扶梯变频调速控制技术，优化设备运行模式，提高能源利用效率，提升运行品质和降低维护成本。

6.1.13 加强电扶梯能量回馈技术研究。优化能量回馈系统，提高能源回收效率，减少能源浪费。

Ⅶ 可再生能源利用

6.1.14 开展太阳能利用技术研究。推进半柔性BIPV（Building

Integrated Photovoltaic，光伏建筑一体化）关键技术研究，实现轻型光伏在声屏障、建筑物、车站出入口等新线建设和既有线改造中的应用；扩大分布式 BAPV（Building Attached Photovoltaic，附着式建筑光伏）关键技术在高架车站屋顶、地面线路边坡、车辆基地大库顶棚、车辆基地边坡的应用；拓展太阳能应用场景，实现不同客户绿电交易。

6.1.15 积极推广采用空气源热泵的分布式耦合供热技术在北方供暖地区的车辆基地应用。将空气源热泵与传统热源相结合，实现供暖系统的耦合供热，降低系统碳排放，同时确保系统的经济性及可靠性。

6.1.16 在适宜地区积极稳妥地推动中深层地热供暖技术应用。采用对中深层地热能"取热不取水"的井下换热，实现持续稳定取热、快速地温恢复、环境影响低的无干扰清洁供热。

6.1.17 开展超低温空气源热泵技术应用研究。探索喷气增焓、CO_2 热泵等技术在供热领域的应用，进一步拓展空气能供热的使用时间与空间范围，优化供热能源结构。

6.1.18 开展"换热式"地下结构技术应用研究。探索在车站、隧道等地下结构的建设中，直接嵌入地源热泵系统的热交换管道，为上部建筑提供冬季供暖与夏季制冷，避免传统施工中的钻孔和开挖工序，提升地热能应用的经济性。

6.1.19 积极推动氢能源牵引技术应用，实现电客车、工程车有条件氢能化。

6.2 环境友好与环境健康

Ⅰ 振 动 控 制

6.2.1 发展城市轨道交通振动控制关键技术，构建振源、传播途径、沿线建构筑物的震振双控理论体系，实现综合减振效果提升，提升土地利用效率。

6.2.2 深化减振轨道技术研究。开展新型钢轨阻尼器、扣件、减振垫、隔振器等系列化减振轨道设备的研究，加强复杂服役环境下高性能橡胶、聚氨酯等各类减振材料的研究，逐步完善各类减振轨道设备及材料的相关技术标准。

6.2.3 加强多专业综合减振技术研究。联合线路、土建、车辆等多专业，共同开展综合减振降噪技术研究，在减少振动及二次辐射噪声对周围环境影响的同时，确保行车的平稳性和安全性。

6.2.4 开展提升振动及二次辐射噪声预测准确性研究。针对源强取值、振动传播过程中的参数选取、建筑结构类型影响及人的主观感受等方面，结合实际工程条件研究预测参数的合理取值，开展理论和现场试验研究，逐步构建科学合理的二次噪声预测模式。

Ⅱ　噪　声　控　制

6.2.5 研究车辆轮轨耦合动力学分析技术，优化车辆设计与制造，降低列车运行振动与噪声源强。结合轨道减振降噪研究成果，开展桥梁结构（混凝土箱梁、钢箱梁）减振降噪设计技术研究，开发新型减振降噪材料或结构。

6.2.6 研编发布城市轨道交通噪声排放标准。明确不同制式城市轨道交通的噪声排放标准，提升沿线噪声控制整体水平，落实《中华人民共和国噪声污染防治法》对城市轨道交通噪声污染的管理要求，健全现有噪声标准体系，明确责任主体，解决运营阶段噪声排放监管难题。

6.2.7 开展全封闭声屏障综合技术体系研究。完善全封闭声屏障声学理论计算方法，优化顶部泄压通风孔的消声装置，明确钢结构防火标准，提出降噪效果现场测量方法，编制声学性能评价标准。

6.2.8 开展新型吸声材料/结构的应用研究。探索采用声屏障超构吸声体、微裂缝吸声结构等技术，替代传统穿孔护面板复合矿物棉的吸声结构，提高吸声性能、实现无纤维化、延长使用寿命。

Ⅲ 生态保护

6.2.9 建立上盖物业海绵建设技术标准，开展新型功能性透水材料应用研究。编制包含海绵建设规划衔接、海绵诊断、目标策略、设施策略、功能策略和系统策略方案的技术标准。通过新型轻质透水单元体等材料的应用，改变原有屋顶海绵设施直接上覆天然土的形式，克服土壤透水性能差及静荷载大的缺陷。

6.2.10 开展土壤与地下水保护技术研究。研发高精度、多功能、弱扰动的土壤与地下水现场原位采集技术，实现精细刻画和精准判释土壤与地下水污染状态；完善土壤和地下水中典型有毒有害污染物的标准化测试方法；建立生态环境大数据与信息化监管平台，实现拟建、在产和退役场地土壤及地下水污染全链条智慧监测与防控。

6.2.11 开展施工扬尘控制技术研究。开展智能化扬尘监测和治理技术研究，实现对施工现场扬尘污染的实时监测和精准治理；研究无人机搭载遥感传感器扬尘监测技术，快速收集现场扬尘排放相关数据；研究智能化除尘水幕控制器实时监控系统，动态监测现场粉尘参数并确定水雾喷洒参数，提高除尘效率；研究具有吸附净化功能的材料覆盖施工场地，达到减少扬尘的目的。

Ⅳ 内部环境控制

6.2.12 推广使用先进的地下空间空气质量改善技术。采用湿式隧道清洁技术，有效减少隧道内的颗粒物污染来源；采用自洁式空气净化技术，确保设备长期高效运转，实现近零维护，显著降低运营成本。

6.2.13 开展提升地上车站热舒适度的被动式技术研究。探索采用根据季节变化调整自然通风强度的可调节导风板、满足不同季节遮阳需求的智能遮阳围护结构等技术，在不增加能源消耗的基础上，显著提高乘客的热舒适度。

6.2.14 开展市域快速轨道交通工程压力波控制标准与技术研

究。通过数值仿真模拟、动模型试验、实车测试等技术手段，研究解决压力波影响人员舒适性及设备设施承压安全问题，完善压力波控制标准，提升司乘人员乘车舒适度，保障线路行车安全。

6.2.15 开展车站电磁辐射长期人体影响与控制技术研究。针对典型地下车站空间的供电系统和车辆运行的电磁辐射，进行长期电磁辐射环境监测和健康效应观察，进一步探明车站电磁辐射的健康效应，进而选择适宜的电磁辐射控制技术。

6.3 绿色建造与绿色建材

Ⅰ 装配式建造

6.3.1 拓展装配式建造技术的应用范围。推进装配式建造技术在暗挖法、盖挖法施工，内部结构、附属结构施工，临建体系施工以及车辆基地施工中的应用。

6.3.2 开展可回收装配式支护技术研发与应用，减少城市轨道交通临时结构的材料用量及碳排放量。

Ⅱ 机械化施工

6.3.3 提升施工装备的低碳化水平。开展新能源动力系统在机械动能系统中的应用研究，减少工程机械设备对化石能源的依赖，加速工程机械设备绿色低碳更新。

6.3.4 提升施工装备的专业化水平。针对城市轨道交通工程施工的特殊需求，研发多功能盾构机、智能混凝土喷射机等更加高效的专用施工装备。

6.3.5 提升施工装备的智慧化水平。开发具备自主决策和智能控制能力的施工设备，依据地质条件和施工要求自行调整施工参数；研发智能监测和故障诊断系统，实现对施工设备实时状态的监测、预测性维护以及远程故障的排除。

Ⅲ 施工废弃物资源化利用

6.3.6 推广再生混凝土及其制品制备、施工关键技术，研究利用再生骨料替代部分天然骨料制成混凝土，减少对原生资源的需求，降低碳排放。

6.3.7 进一步研究改良盾构渣土，用于盾构同步注浆、基槽及肥槽回填等，减少渣土排放压力，提高填埋场环境保护水平。

6.3.8 研发废橡胶新型环保再生技术与装备、废轮胎常温粉碎和深加工技术与装备。通过有效处理废橡胶和废轮胎，实现资源再生利用，减少对环境的污染。

6.3.9 研究废弃金属机械化拆解预处理技术，废弃电线电缆自动筛选分离处理设备。高效处理废弃金属材料和电线电缆，提高资源回收利用率，减少资源浪费。

Ⅳ 耐久性材料应用

6.3.10 开展高性能混凝土应用技术研究。利用数值分析等方法加强超高性能混凝土本构模型与实际工况、场景耦合的研究；基于碳纤维复合材料在建筑工程中的应用，持续探索更先进更高性能的复合纤维材料；积极推动自修复混凝土技术研究，通过在混凝土中添加自修复剂或微生物等材料，提高混凝土的强度和耐久性，延长工程使用寿命。

6.3.11 积极推广使用高耐久性的机电设备管材。采用工厂预制的风管与保温一体化复合空调风管、薄壁不锈钢空调冷却水管等材料，延长管材使用寿命，减少运营中的更新改造频次，降低工程全寿命期内的综合成本。

6.4 碳排管理

Ⅰ 碳核算

6.4.1 以信息共享、数据精准、时效性强、便于操作、测算科学为原则，建立统一规范的行业全寿命周期碳排放核算、监测、计量和评估认证体系，并完善行业碳排放审计、核查等配套标准。

6.4.2 加强行业碳排放因子库的建立和更新，为行业碳数据的精准核算提供保障。

6.4.3 逐步探索行业绿色低碳技术、装备、产品的核算基准、核算边界、核算方法，形成碳排放标准，建立一套水平先进、经济效益良好、适用性高的行业绿色低碳技术、装备、产品目录清单。

6.4.4 在产品技术、项目及企业碳核算标准建立的基础上，完善行业碳排放信息披露规范指南，明确披露的依据、对象、内容、频次、数据质量要求等。

Ⅱ 碳交易与碳普惠

6.4.5 逐步从碳交易试点城市向全国各城市推广。根据本行政区域的碳排放控制目标和城市轨道交通行业历史碳排放规律，科学合理地制定行业年度碳排放配额总量和分配方案。推动城市轨道交通行业温室气体自愿减排项目方法学研究，引导鼓励行业相关企业积极参与碳交易。推动各企业建立数字化碳资产管理平台和建立碳绩效评价体系。

6.4.6 摸索有助于促进绿色金融与城市轨道交通行业深入融合的机制，包括融资贷款机制、风险评估体系和法律体系。

6.4.7 探索绿色低碳城市轨道交通纳入碳交易体系的可行性，包括参与碳交易的主体范围、时间节点、准入退出门槛等，逐步提出一套切实可行的城市轨道交通碳交易体系。

6.4.8 配合碳普惠平台建立城市轨道交通碳普惠机制。充分运用互联网与大数据，将分散的消费端碳减排进行量化处理，让乘客的绿色低碳行为有感知、可计量、有收益，吸引更多公众选择城市轨道交通出行。

7 数智技术

7.1 数字化设计

7.1.1 推进勘测工作的技术手段及工作模式更新。推广地质雷达、高密度电法、地磁仪等智能地球物理勘探技术及卫星遥测、无人机航测、三维激光扫描等自动化数据采集技术在勘探、测绘、周边环境调查和工程建设影响评估中的应用,实现多源地理空间信息的准确分类、提取及三维数字建模,提升勘测数据的共享程度和利用价值,推动勘测作业的模式转变及流程创新,形成勘测与设计基于三维环境下的协同工作机制及成果要求,推动勘察、测绘、环境调查、环境影响预测等活动的全场景优化。

7.1.2 提升数字勘测工作成果的应用深度及场景范围。推动工程建设勘测工作与"玻璃地球""智慧城市""实景三维中国"等建设体系融合,实现地形、地貌、地质、市政管线、建构筑物调查等勘测成果的数字化,数字化成果符合国家国土空间规划时空大数据相关要求,支撑基于 BIM 的工程正向设计,并为三维空间中的力学、水文学和声学等物理场分析计算、仿真推演、岩土分析评价、地质风险管控和城市空间规划决策支持等提供可靠的能力支撑,推动数字化成果融入 CIM(城市信息模型),助力城市精细化治理,并积极探索其在低空经济中的场景应用。

7.1.3 推动数字设计的内涵及外延不断丰富完善。推动基于 BIM 技术的三维参数化正向协同设计在行业内的普遍应用,推动设计算量一体化、设计施工一体化等设计场景,以及衍生式设计、拓扑优化设计、仿真设计、可靠性优化设计、多学科优化设计等智能设计方法在行业内的大力发展;积极探索大模型技术在设计阶段的应用场景，推动基于 AIGC（生成式人工智能）的生成式设计在行业内的落地及推广应用，提高设计过程中，探索基于二维图纸、三维点云模型、现场实景照片等数据实现既有建筑逆向建模，助力既有建筑的数字化进程。

7.1.4 搭建全面支撑数字协同设计的网络化协同平台。推广支撑跨域实时协同的设计平台建设，建立可兼容文件级、构件级、数据级等不同层级协同深度的公共数据环境（CDE），实现设计要素的资源化管理及有权限共享，推动设计专业工具的数字化封装，设计流程体系的平台化重构，推进可同时满足数据质量及设计成果合规性控制的数字化自动审查平台广泛应用。

7.1.5 推进面向工程全过程数据贯通及应用的全周期系统设计。推动 DFMA（面向制造与装配的产品设计）技术在行业内的深入应用；推动设计交付模型/数据与预制件工厂、精密加工机床、建筑机器人、放线机器人、智能全站仪、现场实测实量设备等的数据互识，推动设计交付模型在生产加工及施工安装阶段的数据共享及模型传递。

7.2 智能化建造

7.2.1 推进 BIM 技术与装配式建筑的融合发展。推动行业通用的三维数字化构件产品库的建立，实现通过 BIM 数据驱动部品、部件生产，推广部品、部件生产机器人应用，实现预制构件的"一码"监管、全过程追踪、全生命期管理。

7.2.2 推动施工现场的精细化作业。结合物联网、云计算搭建区域定位系统；结合 BIM 模型，准确定位施工机械和部件的位置；推广基于三维勘测和智慧城市信息的施工场地自动布置，减小工程施工对城市运行的影响；推动现场实测实量设备、无人机及三维激光扫描的应用，实现现场精准监控及精细化验收；推动三维激光扫描、全景相机、监测机器人等与 BIM 模型的结合应用，促进施工质量及效率的提升。

7.2.3 发展基于 BIM 模型的虚拟建造技术。推动 BIM 模型与时间（BIM4D）、成本（BIM5D）、性能（BIM6D）、资产（BIM7D）等维度信息的深度集成及融合应用，进行建造过程全景推演，规避实施风险；实现BIM模型对建设过程信息的全面承载，与建设管理对象的动态关联，实现基于平台的工程资源动态高效配置及全过程可视化管控，探索多目标最优管控技术在城市轨道交通工程建设中的应用；建立城市轨道交通行业三维数字化工艺做法库，提升施工过程的标准化程度。

7.2.4 推进BIM模型报建和智能辅助审查。探索与法定工程技术图纸信息一致的BIM模型一并用于工程建设项目审批审查；构建基于二维码、无线射频（RFID）等物联网技术的部品部件全过程质量责任追溯机制；推进工程项目统一编码，建立健全与智能建造相适应的工程质量、安全、档案监管模式与机制。

7.2.5 探索"检测目标智能采集"+"智能检测"相融合的工作模式。通过智能分析完成"质量智能检测"和"安全智能检测"工作；通过AI赋能，升级工程管理系统交互方式；研究建立工程质量安全大模型，建立跨专业知识库及领域知识图谱，对质量安全管控数据价值进一步挖掘，实现对工程风险的量化分析以及对质量、安全问题的自动识别、预警，实现基于数据驱动的决策支持。

7.2.6 推动工程实体与数字孪生体的同步移交。利用BIM模型承载或挂载全部工程建设竣工验收的真实信息，建立基于BIM模型的检验流程和方法，实现基于模型的可视化资产移交；推动建造数据／模型在工程运维阶段的传递、融合与应用，强化建设期数据资产建设的质量及效益。

7.3 智慧化运行控制

7.3.1 推动基于人工智能智能驾驶增强的新一代列控系统，基于多源感知以及强化学习反馈的人工智能驾驶决策体系，进一步提升列车运行的安全性、效率、舒适性和智能化水平；通过融合多源传感器数据，如激光雷达、摄像头及高精度卫星定位等，实时感知列车周围的环境状态、轨道条件及潜在风险；研发新一代列控系统，实现列车与基础设施之间的高效信息交互，支持全自动运行与远程监控，提升运行调度、应急响应和节能优化等应用的智能化水平。

7.3.2 引入基于实时客流分析的车辆动态调度技术。综合利用视频监控、智能票务和车载传感器等多源数据，结合深度学习与大数据分析技术，动态识别各站点的客流分布及变化趋势；通过时空客流预测，提前预判客流高峰的到来与持续时间，为列车动态调度提供数据支撑；结合自适应优化与强化学习等算法，实现运力配置的快速调整与优化。探索基于多目标优化模型的调度决策，综合考虑客流需求、列车可用性、能源效率等因素，实现精细化运力调度与乘客体验优化。

7.3.3 研发基于历史数据的节能计划运行图编制。通过深度挖掘长期运行数据，结合客流—能耗分析模型，精准优化列车运行编排策略。

7.3.4 引入基于车辆与乘客监控的应急响应机制。融合多模态数据分析技术，综合利用视频监控、车载传感器、乘客流量监测、环境监控等多源信息，实时捕捉列车与站点内的异常动态；通过计算机视觉与目标检测算法精准识别故障设备、异物侵入、人员跌倒、异常聚集等潜在风险，实时定位异常事件发生的位置，并识别异常事件与系统整体运行状态的潜在关联，提供事件影响范围及趋势预测。通过事件分级与决策支持算法，触发自动预警和应急预案，匹配最优应急处置策略。

7.4 智慧化运维

7.4.1 推动智慧城市轨道交通场景专项设计。研究各智慧场景的关键要素及关联逻辑，推动基于全面感知的场景自动触发，推动城市轨道交通行业大模型的建立以及面向具体运维业务的场景大模型、能力大模型建立，探索面向各业务场景人工智能体的建立，促进城市轨道交通运行"智慧大脑"的研发及落地。

7.4.2 探索低空经济与城市轨道交通行业融合的新模式，实现向综合性城市服务运营商的转型升级；推动综合巡检巡查、应急救援响应、空间物流配送、城市综合服务等场景的建设实施；通过无人驾驶飞行器、低空智联网技术，提升城市运行效率，增强安全监控，优化资源配置，推动低空经济与多领域深度结合，构建多元化产业生态，推动产业升级。

7.4.3 推动基于共享数据、智能设备的网络化运输组织系统及智能化线网运输组织辅助决策系统建立，实现客流分布的实时预测、运输计划的智能编制、运行图自动铺画、运力与客流的精准匹配。

7.4.4 搭建智慧能源管理平台，汇聚多源能耗信息，进行线网、线路、车站、场段和车辆等多层级的能耗指标统计分析，开展重点能耗设备能效管理、碳资产管理、碳排放监测等智能管理及节能评估，按照能耗管理、能效管理、智慧管控的技术路线，逐步提升能源管控的智能决策水平，逐步实现能耗全面感知、运行数据驱动、模式自动生成、能效实时评价的能源管控目标。

7.4.5 建设源、网、荷、储全回路成体系的智慧供电管理平台，平台融合机器人、物联网、大数据、人工智能等多种技术，实现包括用电峰谷差管理、电能消耗实时分析等功能在内的智能用电管理系统，包括设备运行状态监测、故障诊断分析等功能在内的设备管理系统，包括安全隐患识别及应急预案管理在内的安全管理系统，包括生产资源配置、自动工单派发及库存优化管理在内的生产管理系统，辅以全线智能牵引供电潮流统一调度系统，推进供电系统的全面绿智化。

7.4.6 推动基于列车自主感知、多源信息融合、多目标自主决策、协同运行控制的自主化列车控制系统建立。推广列车顶部弓网、列车底部轮轨、轨行区异物侵限等在线检测设备，利用5G公专网等大带宽、低延时无线通信技术实现数据实时传输，对列车运行及环境状态进行实时监控，推广列车故障预测与健康管理系统（PHM）的应用，及时发现并处理故障，推动虚拟连挂、灵活编组技术在运行线路中的落地实施，实现运能与客流的精准匹配。

7.4.7 创建更精准的桥隧、轨道健康度评价体系，建立高度集成的桥隧、轨道、牵引网及环境多元耦合的综合评价分析体系，构建包含振动噪声环境影响监测及智能化仿真分析系统，轨道、桥隧状态及振动噪声控制综合智能化管理系统，智能化桥隧维护保障与管控系统等多系统功能的基于数字孪生的智慧工务运维管理平台。

7.4.8 利用BIM、空间定位、视频分析等技术搭建智慧车站运行管理平台，充分利用数字化、信息化、智能化手段实现车站自主服务、全息感知、主动运行，实现车站设施设备可视化管理及场景化运行，减少车站人工作业量，提升车站管理效率与水平。

7.4.9 建立完善的网络管理平台，全面覆盖建设管理、运维管理、资源应用及其他基础支撑业务。研究超大容量、全分布式组网、智能流量分配的新一代有线承载网络和无线承载网络，有力支撑云平台、大数据等应用，推动LTE-M（LTE-Machine-to-Machine，一种专门为物联网设计的无线通信标准，旨在提供更高效、更低功耗和更低成本的通信方式）综合承载广泛应用，5G＋取得实质性的推广应用，互联网协议第六版（IPv6）得到更加深入的应用。

7.5 智慧化客服

7.5.1 推进基于实名制和个人信用体系的跨平台、跨场景乘车票务服务，利用移动支付、无感支付等多种技术手段，提高售检票、乘车的智能化水平，扩大基于可信乘车凭证的互联互通范围，进一步提高城市间的乘车便捷度。

7.5.2 构建与客流特征相适应的智慧安检系统，探索票检、安检合一的新模式，采用图像识别、生物识别、人工智能等技术，实现人、票、物以及异常行为四合一核验，大幅提升安检效率和安全性。

7.5.3 推动与城市交通 MaaS 系统（Mobility as a Service）的深度融合，为乘客提供个性化的出行咨询和一站式出行解决方案，通过聚合多平台出行服务内容，按乘客出行需求提供定制化的出行路径建议。

7.5.4 依托智慧能源管理平台，实现车站环境的智能动态调控，根据季节、环境温湿度及 CO_2 浓度、客流等因素变化，自动调节车站温湿度及新风量，为乘客提供舒适的候车环境。

7.5.5 推动大模型技术在智慧客服中的场景落地，结合数字人技术，实现乘客服务方式的智慧化升级，实现基于自然语言交互的数字人超级客服、基于乘客画像的自动推送服务的应用落地。

7.5.6 推动智慧客流管理系统建设，实现对车站日常峰谷、节假日、重大活动等时段的客流量进行预测和动态监测，并及时发布疏导信息，为列车智慧运输提供可知、可调、可控的基于大数据的应急管理处置方案。

7.5.7 通过智慧车站运行管理平台，实现车站的全息感知、自动运行、全景监控和自主服务等功能，乘客可通过智能终端实时获取车站全场景动态信息及列车到发时刻、乘客诱导、车厢拥挤度、前方换乘站客流等信息，并支持车站与周边商业、公共服务设施的一体化信息共享及应用联动，提升车站的整体服务质量和应急响应能力。

7.6 智能化装备

7.6.1 进一步打造具有国际竞争力的平台化、谱系化、智能化和绿色节能轨道交通装备产品。开发现代轨道交通装备新一代高效节能技术，实现绿色智能轨道交通装备的工程应用；研究车辆车体轻量化、高性能转向架、数字液压列车制动系统等技术，实现向低消耗、高性能、高可靠产品升级。

7.6.2 推进高档数控机床与基础制造装备，自动化成套生产线，智能控制系统，精密和智能仪器仪表与试验设备，关键基础零部件、元器件及通用部件，智能专用装备的发展，实现生产过程自动化、智能化、精密化、绿色化。

7.6.3 推进信息化和建筑工业化深度融合，开展数字化、智能化建造。借助大数据系统和云服务技术，促进研究设计、生产制造、检测检验、运营管理等各个环节向数字化和智能化发展，支持有条件的轨道交通核心部件生产、施工企业建设数字化、智能化工厂/车间。

7.6.4 推动智能化装备的广泛应用。推动建筑机器人辅助施工，在墙板安装、装饰装修、地面铺装等场景率先应用，并不断丰富应用场景；加快推广智能塔吊、智能泵送车等智能机械，工程监测机器人、清扫机器人等在施工现场的应用；扩大架桥机、盾构机等重大装备以及智能穿戴设备、感知设备等智能化产品的应用规模及应用场景。

7.6.5 实现对设备关键检修点的2D/3D高清成像和多元数据状态感知，智能判断设备关键部件异常状态，替代人工巡检；搭建运维知识库，建立关键设备故障诊断树、维修向量知识库、设备维修知识图谱等，探索多模态大模型技术在设备运维中的应用；优化设备修程、修制，推动设备的全生命期健康管理及库存优化管理，推进关键设备的状态性维修及预测性维修。

7.7 数据化资产

7.7.1 推动工程全生命期内基于BIM模型的数据流转、共享、集成与应用，开展全周期信息编码体系的标准制定及实施推广，面向工程全周期数据应用及业务协同开展组织信息需求（OIR）、资产信息需求（AIR）、项目信息需求（PIR）、交换信息需求（EIR）等信息需求调研，定义、开发与行业需求相适应的公共数据环境（CDE），实现数据的全域、全景共享。

7.7.2 利用传感器及5G通信技术，实现对工程噪声、振动、位移等信息的实时采集，并与车辆综合检测系统、大型检测设备之间实现数据的实时关联共享，实现全线路各部位的实时、不间断的综合状态描述，突破现有专业边界，实现基础设施和设备的数据无障碍交换。

7.7.3 面向数据共享搭建行业统一的数据标准体系，包括主数据标准、元数据标准、业务数据标准、数据共享与交换标准、数据分级分类标准、数据质量标准、安全标准等，打造以"聚、通、用"为导向的企业数据资源"智能共享池"，将散落在各个系统、平台的企业数据智能整合起来，形成企业统一大数据平台，实现企业数据资源体系建设。

7.7.4 推动建设企业级大数据共享平台，实现数据平台技术架构的自主化，突破数据共享壁垒，重点解决共享数据的采集、传输、加工、存储、安全、分析、管理和服务等问题，为大数据应用奠定坚实的基础。

7.7.5 推动行业经验的数字化封装，营造行业的知识共享环境，通过充分利用数字化、信息化、智能化等技术手段，对工程各阶段的各类型知识进行收集、治理、封装、共享、应用，提高行业知识的结构化、场景化、智慧化应用水平，基于大模型技术建设城市轨道交通行业的向量知识库、知识图谱及知识大模型，推动大模型技术在行业中的场景落地及扩展应用。

7.7.6 推动企业数据的资产化建设，包括数据治理、明确数据权属、促进数据建模和装盒入库、实现数据资产估值和进行数据资产折旧、保值和增值管理，实现透明清晰的数据资产化建设，促进企业挖掘应用场景，经营数据产品业务，按照监管法律法规进行健康流通，实现数据价值变现。

7.7.7 全方位织密筑牢企业数据安全防控网络，采用物理隔离、病毒防护、加密脱敏、数据备份、身份认证、访问权限等技术手段，有效防止数据违规采集、数据泄露、数据篡改、数据滥用等安全事件的发生，确保人工智能背景下的企业数据安全。

7.7.8 探索区块链和隐私计算技术的结合应用，在数据共享过程中有效保护个人信息及企业敏感、重要的信息，实现数据的安全流通，通过确保数据的真实性及数据确权，实现全流程可记录、可验证、可追溯、可审计，推动高效率、高安全和高流动性的数据要素市场建立。

8 系统化技术

8.1 标准体系建设

8.1.1 研究建立双碳标准体系。全面推进绿色设计、绿色制造、绿色建造，健全统一的绿色产品标准、认证体系，建立健全城市轨道交通碳达峰、碳中和标准计量体系。推动建立国际互认的碳计量标准、碳监测及效果评估机制。

8.1.2 研究编制更新改造标准。研究编制既有线网更新改造建设规划标准、既有线网评估技术标准及线网互联互通改造技术标准等。

8.1.3 研究编制安全韧性标准。完善勘察、设计、监理、造价等工程咨询服务技术标准，建立防灾、减灾、抗灾、救灾能力和应急的标准体系。

8.1.4 研究编制绿智融合技术标准。研究编制城市轨道交通绿色规划设计导则、绿色施工导则，绿色节能、绿色线路、绿色车站、绿色车辆基地及绿色线路及场站的评价标准等。

8.1.5 编制城市轨道交通适老化技术标准。加强养老服务质量标准与评价体系建设，促进养老科技创新相关产品转化为标准。

8.1.6 编制中低运能轨道交通系统自主创新技术及装备标准，助力自主创新技术工程化应用，提升行业技术水平。

8.1.7 编制国际化标准，推动标准的国际化互认。推动自有知识产权的城市轨道交通产品、建造工艺、工法等转化为国际标准。

8.2 以城市轨道交通为主体的 MaaS 技术

8.2.1 推动建立以城市轨道交通为主体的 MaaS 出行服务生态

体系。明确 MaaS 生态各参与方的权利和义务，通过利益分配方案设计，提高各方参与 MaaS 生态运行的积极性。明确政府、出行服务商、平台运营商、出行用户的权利和义务。

8.2.2 建立交通数据统一标准化平台实现数据的有效整合。形成实时数据采集、大数据分析与挖掘能力，促进数据共享与开放，为 MaaS 生态运行提供各类应用需求赋能。

8.2.3 构建 MaaS 支撑平台。建立一站式出行服务平台，实现出行定位、出行规划、各交通方式基本信息查询、出行实时消息推送等出行相关服务。推进一体化监测调度平台建设，实现出行服务的监测、预测和预警，面向公众提供交通信息服务，开展多种运输方式的调度协调，提供交通行政管理和应急处置的信息保障。建立票务一体化平台，实现票务信息的集中处理、实时监控和智能分析。

8.3 可持续发展评价体系

8.3.1 构建城市轨道交通可持续发展评价目标体系，实现目标层次化、阶段化、多元化。依据城市轨道交通系统所处的设备（系统）、站点、线路、线网、区域、行业等空间层级，投资立项、规划设计、施工安装、装备制造、运营管理、维修改造等生命周期阶段，乘客、政府、城市轨道交通企业、项目直接参建方、项目间接相关方、社会第三方等利益相关方，围绕经济、社会和环境三个维度，设定针对不同层级、不同阶段、不同利益相关方的可持续发展评价目标，实现评价目标的层次化、阶段化、多元化，与评价业务场景相适配。

8.3.2 构建城市轨道交通可持续发展评价要素体系，实现评价活动的系统性和科学性。通过确立评价主体、评价客体、评价目的、评价方法、评价指标、评价依据六大要素，构建全面综合的评价要素体系，确保评价活动的整体性和系统性；根据评价业务场景对要素配置进行针对性调整，确保评价结果更加精准，为可持续发展决策提供科学支撑。

8.4 行业 AI 大模型架构体系

8.4.1 研发建设行业知识大模型，构建中国城市轨道交通人工智能的基础底座。以社会通用大模型为基础，研发建设城轨行业知识大模型，模型语料方面优先导入专著、论文、专利、软件著作权、年鉴、研究报告、行业政策、管理办法、标准规范、媒体报道、规划设计文件、勘察资料、投融资报告、施工组织方案、装备与设备手册、运营数据、运维保养数据、咨询评估报告、第三方监测数据等行业文本性资料信息，其次导入视频、图像、音频等行业非文本性资料信息，使模型具备立项审批、规划设计、勘察测量、投融资、建设管理、施工安装、装备制造、运营维护及第三方评估咨询等领域的通识能力，以此建构中国城市轨道交通人工智能基础设施，为后续的企业场景大模型开发建设提供底层支撑。

8.4.2 开发建设企业场景大模型，赋能城市轨道交通引流降本增效。在行业知识大模型的基础上开发建设企业场景大模型，根据企业自身数据语料及生产、管理和服务的要求，构建企业垂类大模型；在企业大模型基础上，通过深度分析各种业务需求，构建场景个性智能体，提升客流规模与强度，降低全生命周期成本，增加票务与非票务收入，提高城市轨道交通整体效能。

自然有答案
Nature is the answer

[日]大村智 著
胡南夫 译

海峡出版发行集团 | 鹭江出版社

2017年·厦门

图书在版编目（CIP）数据

自然有答案 /（日）大村智著；胡南夫译 . —厦门：鹭江出版社，2017.7

ISBN 978-7-5459-1368-2

Ⅰ. ①自… Ⅱ. ①大…②胡… Ⅲ. ①散文集－日本－现代 Ⅳ. ① I313.65

中国版本图书馆 CIP 数据核字（2017）第 130577 号

原题・自然が答えを持っている
© 大村智（Satoshi Omura）/ 潮出版社 2016
Originally Published in Japan in 2016 by USHIO PUBLISHING CO., LTD

ZIRAN YOU DAAN

自然有答案

［日］大村智 著　胡南夫 译

出版发行：	海峡出版发行集团		
	鹭 江 出 版 社		
地　　址：	厦门市湖明路 22 号	邮政编码：	361004
印　　刷：	北京市十月印刷有限公司		
地　　址：	北京市通州区马驹桥北门口		
	民族工业园 9 号	邮政编码：	101102
开　　本：	787mm×1092mm　1/32		
插　　页：	4		
印　　张：	5.75		
字　　数：	77 千字		
版　　次：	2017 年 7 月第 1 版　2017 年 7 月第 1 次印刷		
书　　号：	ISBN 978-7-5459-1368-2		
定　　价：	39.80 元		

如发现印装质量问题，请寄承印厂调换。

自然有答案
——诺贝尔奖获奖演说[①]

非常高兴能够与各位分享研究的乐趣与一部分研究成果。我今天站在这里代表了众多人士与集体，我们参与的事业成功地为人类健康做出了贡献。阿维菌素是美国大型制药企业默克公司与我的研究团队合作的成果。北里研究所于1965年开始了微生物代谢的相关研究，此后我们一直专注于发现微生物自身产出的具有生物活性的新物质。我们潜心钻研从搜集的天然样本中分离微生物的方法，研究出了全新的能找出具有有趣性质的化学物质的筛分法并对其进行了实际

[①] 2015年10月，大村智获得诺贝尔生理学或医学奖，获奖的原因是在治疗盘尾丝虫症和淋巴丝虫病（象皮病）方面做出的贡献。此篇文章是作者在诺贝尔奖颁奖典礼上的获奖演说。

应用。

每年我们能够分离出两千多种微生物,使用各类培养液令其繁殖,再通过筛分明确其生物活性,保存我们认为有用的微生物,并对我们团队以及其他研究人员开放使用。不过即便发现了表现出有趣活性的物质,若要进行深入研究也要花费大量资金,因此我们需要寻找企业来进行合作。

我们从许多微生物中找出了有着多种多样生物活性的物质,五十年来平均每年都能发现大约十种新化合物,其中对生产人类用药与动物用药有帮助的有二十六种。我们还对约一百种物质进行了有机合成,为有机化学与生物化学的进步做出了贡献。

20世纪70年代初,担任美国化学协会会长,同时也是默克公司研究所前所长的卫斯理大学(我留学的地方)教授麦克斯·帝施勒向默克公司引荐了我。这便是我与默克公司进行跨国合作研究的契机。即便从全球视角来看,这也是大型产学合作研究的先驱。

科学研究如果独善其身是无法做出成果的。我一路走来与多个国家的多位杰出科学家进行过合作。研制阿维菌素所需的基础微生物虽然是在日本的土壤中发现的,但如果没有默克公司的优秀团队,我今天也就不会站在聚光灯下获此殊荣了。

近年来,科学的进步越来越依靠于跨学科研究人员,而阿维菌素的研究便是跨学科研究方式的开篇。通过合作研究,我们发现了许多无论从生物学层面还是从结构化学层面来说都十分有趣的物质。

这些物质当中最特别也最重要的就是威廉·坎贝尔先生(与我共同获奖)与我合作发现的阿维菌素。这是一种全新种类的寄生虫杀虫剂,它能够杀死体内和体外的病原体。默克公司在阿维菌素的基础上研制出了更加安全有效的化合物双氢除虫菌素。

我最初送到默克公司的五十种微生物中,有一种让他们很感兴趣,是这一种微生物带来了多种代谢产物。我们对其进行遗传基因分析,之后将其命名为"Streptomyces avermitilis"。尽管全世界都在不断地探索微生物,但唯独在日本土壤中发现的这种微生物发展成了双氢除虫菌素的商业化生产。

1981年，含有双氢除虫菌素的药物开始在动物身上使用，后来发现双氢除虫菌素作为人类用药也十分有效。事实证明，双氢除虫菌素能够有效治疗令热带地区的人们痛苦了数个世纪的盘尾丝虫病（河盲症）。这种病会引起皮肤病症与失明，甚至有时能置患者于死地，严重阻碍了社会经济的发展。

80年代后期，在双氢除虫菌素被研发出来之前，非洲与南美洲的穷苦百姓对这一疾病束手无策。世界卫生组织（WHO）等机构在非洲进行了大规模的临床实验，让患者服用用量与体重对应的双氢除虫菌素，体重每千克对应两百微克（一微克等于一克的一百万分之一）的用量，只需服用一次，一个月后，患者眼睛与皮肤上的线虫（病原体）幼虫便消失无踪。

双氢除虫菌素作为人类用药得到认可后，默克公司立即开始在非洲、南美洲等地无偿提供药物，以帮助治疗盘尾丝虫病。于是这种药物便源源不断地被送到了十分需要这种药的贫苦百姓手上。

2004年我去了非洲，亲眼见证了双氢除虫菌素所发挥的功效。很多因为得了盘尾丝虫病而失明的人都服用了双氢除虫菌素，盘尾丝虫病的扩散也因此得到了控制。自1987年以来，该药帮助了约三千七百万名儿童免受此病的威胁。

2000年，针对通过蚊子传播的淋巴丝虫病，无偿提供双氢除虫菌素的项目也得以启动。有感染此病风险的人口占到了全世界人口的百分之二十，也就是十三亿人，其中有一亿两千万人已经感染，而无偿供药则使其数量急剧下降。截至目前，领过药的人数已达两亿两千七百万。

经证实，双氢除虫菌素对其他多种"被忽视的热带疾病"均有良好疗效。通过与巴西的研究机构合作调查，我们得出了多个令人振奋的结论。毋庸置疑，双氢除虫菌素是来自地球母亲的绝佳礼物。

2001年"Streptomyces avermitilis"的基因组分析完成了99.5%，2003年全部完成，"Streptomyces avermitilis"由九百万碱基对构成。从中获取的信息能

对改变其性质起到作用,从而使其更加适合商业化生产。我们对二次代谢产物的探索也处于世界领先水平。

双氢除虫菌素已投入使用了三十年,所幸目前还没有人对其产生耐药性的报告。不过,我们仍会继续推进研究,以便能通过对遗传基因进行操作来应对突然产生的耐药性情况。

我还想谈一谈基础研究工作中所包含的哲学。所有问题与需求,其答案都藏于自然之中,这是我想强调的。微生物是能够满足我们要求的无限天然资源,今后我将继续探索能为人类健康以及经济社会带来好处的天然化合物。我也希望下一代科学家能继续这一探索。

我历时五十年形成的研究方法受到了茶道中极为重要的"一期一会"这一观念的影响。日本文化中的茶道十分重视尊敬的精神,茶道思想认为某一瞬间发生的事将不会发生第二次,机会出现之后去抓住它是非常重要的。我不仅尊敬所有工作伙伴,同时也对微生物持有深深的敬意。这种尊敬之心是所有科学研究与发现的基础所在。

最后,我要向参与诺贝尔生理学或医学奖评选的所有工作人员表示衷心感谢。在此我代表在各个阶段给予我帮助的所有人,心怀敬意地接受颁奖。

目 录

第一章 挂满画的医院

版画 3

成为艺术文化的根据地 6

挂满画的医院 9

医院与人心 14

追忆荻太郎老师 19

第二章 故乡是我锤炼构思的地方

悔恨的一瞬间 37

萨摩之旅 41

故乡是我锤炼构思的地方 51

富士山随想 54

富士山入选世界文化遗产有感　61

躬行实践　67

第三章　为实现真正的科学立国

历史随想　73

在车上　79

牢骚　83

为实现真正的科学立国　88

理工学科研究机构的职责　93

久违的慕尼黑之旅　97

第四章　化梦想为生存之力量

美术是我的自由时光　105

使人生丰富多彩的情操教育　110

收藏的学问有动人之处　115

挂满画的医院之创造文化的"玩乐心态"　120

挂满画的医院之"志向"搭建起的藏品库　126

忘不了的回忆——我的画家交友簿　131

与泥土打交道蕴含的可能性　136

作为女子美术大学理事长的感触　142

多彩的韵律——我接触到的女性美术开拓者们　148

"人间赞歌大赏展"中隐藏的哲学　154

在家乡韮崎思考我的"原点"　159

化梦想为生存之力量　164

后记　169

第一章 挂满画的医院

版画

1971年到1973年,我在美国康涅狄格州的卫斯理大学担任客座教授,在那里执教。一个周末,我在开车兜风的途中发现了一块东方艺术的招牌,于是我兴致盎然地走进那家店去一探究竟。

店里摆放着日本的浮世绘,而且数量可一点儿也不少。其中有广重的保永堂版《东海道五十三次》等作品①,我不管三七二十一就买了二十幅左右。母亲寄

---

① 广重(1797—1858),全名歌川广重,原名安藤广重,江户末期的浮世绘画家。《东海道五十三次》是其代表作。保永堂版(1833—1834)为其中一个版本,也是最著名的版本。

放在我这儿的钱一下子被花了个精光。

高中的时候在日历等地方常看见这些画作的复制版,我还剪下来珍藏,如今却在这里找到了正品。回想起来,这就是我动真格收藏版画的开始。

小时候,父母从来没有对我说过"要好好学习"这样的话。反而在我表达了想学画画的意愿之后立马给我买了画纸,并对我说唯独画画要认真对待。多年后我意识到,这是父母在让我学习把自己独有的表达方式寄托于绘画。的确,这在很大程度上帮助我利用抗生素的副作用来研制新药的工作。自己独有的表达方式以及逆向思维正是跨越阻碍的关键所在。

版画有时会被用作海报,比较接近大众,因此我们感觉版画的惹人注目似乎有些刻意,变形手法就是其表现之一。我也经常在学会发表演讲时所需要的幻灯片中,把广重的浮世绘图片穿插放在学术观点之间,为阐述理论做铺垫。

1976年,我在参加学会时忙里偷闲,顺道去参观了莫奈美术馆。在馆内,我看到莫奈的房间里装饰着广重与歌麿的浮世绘藏品，印象派画家们受到的来自于浮世绘的影响似乎清晰可见。

顺便说一句，我当时看到心仪的画作便毫不犹豫地买了下来，这本来无可厚非，但我在买穆哈的版画时把价格看漏了一位数，查了存款余额之后着实吓了一跳。

成为艺术文化的根据地

几年前我回到久违的乡下,从朋友那里听说清春建了一座很不错的美术馆。那一刻,我甚至怀疑是自己听错了。我记得小时候一说起清春村(现在是长坂町清春),给人的感觉就是比我的故乡韭崎町①(现在是市)还要乡下,真是不敢想象那里居然建起了美术馆,而且名字叫作"白桦美术馆",那它所处的位

---

① 日本一共有一都,两府,一道,四十三县。日本的"县"相当于中国的省级行政单位,"市"则与中国的"市"相似,"町"则相当于中国的"镇",而"村"的字义虽与中国差不多,但从体制、法律地位看,则与中国的"村"不同。

置肯定就在山里。我十分好奇为什么会在那里建美术馆，于是完全没有提前做任何了解就立刻前去参观。

到了之后我发现，那儿以前是清春小学，而现在已经完全变了模样。上了年纪的樱花树围绕着宽敞的校园，那时花瓣已开始飘落。校园中间有一座风格迥异的建筑，而地势较高原本是教学楼的地方，变成了小巧玲珑却又不失风范的美术馆。它的右边还有餐厅，左边则是礼拜堂。再往前走便是梅原龙三郎的画室。

我从美术馆的介绍资料以及工作人员的解说中了解到，法国巴黎就有在校园的基础上建成的别具一格的建筑。白桦美术馆再现的就是滋养了夏加尔、莫蒂里安尼、帕斯金以及基斯林等众多艺术家的画室聚集地——拉胡石居。白桦美术馆沿袭其精神，采取对艺术家开放的运营方式。美术馆由谷口吉生设计，展览室布置得十分精美，在里面能够尽情地欣赏梅原龙三郎、有岛生马、岸田刘生、高村光太郎、武者小路实笃、鲁奥、毕加索以及塞尚等名家的作品。而且我还了解到，白桦美术馆名字的由来也并非如我先入为主所想的那样。

此后我又多次参观了白桦美术馆，在参观过程中逐渐对其财团理事长吉井长三先生的为人有了浓厚的兴趣。不过第一次见到吉井先生本人是在1992年，那时经日挥株式会社会长山田伸雄先生介绍，我参观了位于银座的吉井画廊。后来又与吉井先生见了好几次面，交情不断加深。我发现吉井先生不仅对自己的本职工作尽心尽责，而且还有着振兴艺术事业的浪漫情怀。现在，先生已经成了我最敬佩的长辈之一。为了提升自己的艺术品位，也为了能够更加深刻地领悟作品的韵味，我一直在向先生讨教学习。

能够如此近距离地接受艺术熏陶，享受艺术的动人之处，我满心感激。参观清春艺术村和白桦美术馆大大增加了我回乡下的乐趣，在此我向吉井理事长、高草馆长以及其他每天都兢兢业业的工作人员表示感谢，同时也希望白桦派的先驱所追求的艺术鉴赏的理想状态能够进一步升华，祝愿艺术村成为艺术文化的根据地，并不断繁荣发展。

挂满画的医院

"我喜欢挂在外科门诊处的那幅贝尔纳·卡特林的画。其实很早之前我就一直想知道画家的名字叫什么,当我在这里发现这幅画时我真的特别高兴。"

"《静物与王瓜》,我每天都来看这幅画,心想要是能在家里挂一幅就好了。"

"《〇七八记忆的领域》,我真的没有想到能在这儿看到山本文彦老师的画。"

"我很惊讶医院里居然挂着这么多画,看着这些画会让人心情愉悦。院方是从哪里借来的这些画啊?"

以上这些都是四个月来投递到我们KMC医院（北里研究所医学中心医院，位于琦玉县北本市）意见箱里的反馈。我院成立于1989年，是一家综合性医院（有四百个病床位）。

我的研究成果预计将为自己带来额外的收入，我一方面希望进一步推进自己的研究，另一方面也希望能够回馈社会，于是有了筹建医院的想法。位于东京都内港区白金的北里研究所医院当时的院长河村荣二先生以及后来担任KMC医院第一任院长的村冈松生先生给予我大力的帮助，并非医生的我一边进行筹建医院的准备工作，一边萌生出了"给医院挂满画"的想法。

多数医院的环境单调乏味，而前来看病的患者干等的情况很多。如果医院建成我们预计的规模，那么来院的患者以及陪同人员的数量会远远超过到市政厅办事的人数。事实上医院现在平均每天的人流量能达到一千三百人左右。若让如此规模的医院承担起文化方面的功能，那么它能起到的作用将不亚于各地的

"文化大厅"。

我之所以产生"给医院挂满画"这一想法，源于我在荷兰的一次经历。

我们团队研发的药物成为预防热带疾病——盘尾丝虫病的特效药，与此相关的国际研讨会在荷兰莱顿市举行。当时的晚餐会举办地是在美术馆（De Lakenhal）里，与会学者们手举啤酒杯或者红酒杯绕场欣赏画作，同时也热忱地进行交谈。虽说美术馆需要一个绝对安静的环境，但这次活动让我见识到原来美术馆还有如此美妙的使用方法。

如何面向21世纪打造一家具有特色的医院？在思考这一问题时我产生了把医院与美术馆结合起来的想法。我也不能否认这其中有我本来就喜欢绘画的因素存在。

接下来就是考虑如何收集画作了，但如果等资金到位之后再去行动的话会错失良机。我打算从力所能及的事情开始，于是有了举办"人间赞歌大赏展"的想法。我认为这样的活动策划是具有原创性的。活动方案是向入选的参赛者提供奖金，相应地参赛者则需要将获奖画作捐赠给医院，同意这一宗旨即可参与评选。如此一来我们便能够收到来自各个流派、各种各样画家的作品，也能为振兴美术事业奉献一点绵薄之力。而且最重要的是，通过举办这样的活动我们能够让更多的人了解北里研究所。在奥斯卡艺术公司已故总经理小野正美先生的鼎力相助下，我们举办了第一届大赛，并以此庆祝医院成立。第一次活动我们一共收到了来自全国的一千零三十四幅作品，并委托大画家森田茂老师、荻太郎老师、美术评论家植村鹰千代老师、泷悌三老师以及北里研究所前理事斋藤保二老师等担任评委，评选出了八十余幅作品，随后这些画便挂在了医院进行展出。

明年我们将举办第四届大奖赛，并以此来纪念医院成立十周年。我们不仅收获了一系列入选作品，还得到了许多慈善家的支持。比如来自山梨县的在日本美术院展会上大放异彩的画家斋藤倭文绪（已故）捐赠了十二幅作品，曾活跃在纽约的画家冈田谦三（已故）捐赠了一百五十幅作品等。作品的内容丰富多彩，目前我们"挂满画的医院"已有藏画六百余幅。

虽然也有人认为"画作要符合医院的特点"，但我个人并未对此有过多顾虑。因为我只是想让患者们能够欣赏画作，不希望对他们有任何区别性的对待。另外，我希望普通大众也能够进来找寻自己喜欢的作品，好好享受艺术的乐趣，正如文章开头所列的"反馈意见"说的那样。

另外，在医院里挂画也让工作人员萌发了对绘画的喜爱之心，这一点让我十分欣慰。越来越多的员工表示"我会选择走挂着我喜欢的画的走廊去办公室""这次更换了画作的地方给人的感觉都不一样了呢"。

前些日子与泷悌三老师见面时，老师称赞我的一系列工作"兼顾了趣味性与实际利益"。而我也为了让"挂满画的医院"在将来变得更加美好，日复一日地穿梭于画廊与美术馆之间。

医院与人心

"我能够在这样一家像美术馆一样挂满各式各样画作的医院度过人生最后的时日,真的感到无比幸福。"这是一位得了严重脑瘤的患者对主治医师说的话,而他所说的医院就是位于琦玉县北本市的北里研究所医学中心医院。北里研究所医学中心医院成立于即将迎来21世纪的1989年。20世纪,医学以及其他众多科学都有了飞速的进步,而作为一个人应该有的心理状态的相关问题却被遗忘。人一旦得了病,在性格变得谦卑的同时,心理状态也会消沉下去。此时,艺术则能给他们带来心灵上的慰藉以及活下去的勇气。

医学的进步只有建立在预防医学的基础上，才能真正给人们带来健康的福音。这家医院的筹建工作主要由我负责，为了促进艺术治疗与预防医学的进步，我为这家医院增设了三个功能。

第一，在走廊、大厅等处设置展示绘画的空间。

第二，为了让门诊大厅兼具音乐厅的功能，在大厅一角摆放了一台三角钢琴。

第三，发现鼠疫杆菌以及破伤风抗体的北里研究所创始人北里柴三郎曾提倡发展预防医学，所以为了促进预防医学的领先发展，我们在医院设置了面向地区居民举办健康启蒙讲座的社区交流室。

首先，在医院展示画作的收集方式是通过"人间赞歌大赏展"进行公开募集，至今已经举办过六次活动。我们向入选者以及获奖者提供奖金，并对获奖作品进行收藏。我认为此项活动对青年艺术家的培养也做出了贡献。此外，我自己也参观拜访了各种各样的展览会与画廊，为医院收集合适的优秀画作。

目前医院已有一千六百幅藏品,我们时不时地会更换展出的画作来装饰院内环境。儿科病房楼里装饰的都是充满童话色彩的画作,而妇产科病房楼墙壁上则挂着绘画专业女生们画笔下明朗的风景画。

现在大家都亲切地称我们医院是"挂满画的医院"。每天都有超过两千名患者、陪同人员以及看望患者的人来到我们医院,大家看到这些画都非常高兴。另外,我们还在医院里开设了特别区域,向本地的美术爱好者们开放。他们会带来各式各样的作品,为医院增添了新的乐趣。

音乐会每年举办两到三次,每次有三百名左右的患者以及本地的音乐爱好者来参加活动,欣赏钢琴、小提琴以及声乐表演,享受美妙的旋律。上文中提到的讲座每年也会举办数次。能够听到专业医师的讲解,当地居民都感到十分高兴。

"我儿子有糖尿病,十分苦恼,应该怎么办才好啊?"

"您儿子多大年龄?"

"六十五岁。"

一位八十五岁的母亲非常担心六十五岁儿子的病情，于是专门前来听讲座。

二十年前医院成立的时候，在日本还没有"艺术治疗"这个词，更别说把医院和美术馆结合起来的想法了。近年来，听闻我们率先开始的工作在日本各地都得到效仿，这让我回想起往事，同时也感到喜悦。

一次，一位妇女带着两个孩子来到医院办公室，她说，"想与挂在院内的绘画的创作者见面，希望院方提供创作者的联系方式"。负责接待的职员来问我能不能告诉她，我问了具体情况之后答应了她的请求。后来，那幅画的作者联系我说，"因为正好在横滨举办个人画展，于是决定在画展上见面"。事情是这样的：那位母亲与丈夫离婚后独自抚养两个孩子，生活困难，十分苦恼，她甚至考虑过带着孩子一起自杀。后来，其中一个孩子生病了，来 KMC 医院看病的时候邂逅了那幅画。母亲看着画，心中涌起了要好好活下去的勇气，这才提出希望能与作者见上一面。

我了解情况之后的想法是自己筹建的医院不仅能通过治病来救人,还能创造拯救人心的机会,内心感到无比欣慰。

追忆荻太郎老师

　　受新制作协会会员、女子美术大学校长佐野缝先生的邀请，让我在特别策划展上讲话，我才有幸得到这个机会站在这里，对此我表示衷心的感谢。另外，我还要感谢协会代表，同时也是运营委员长的冈崎纪先生以及协会事务局的各位，感谢你们精心准备了此次展览，感谢对我照顾有加的林纯夫先生。接下来我想聊聊我与荻太郎老师的往事以及老师的绘画，以此来缅怀老师生前的杰出事迹与人格魅力。

　　首先跟大家分享我与老师的往事。现在回想起来，与老师初次见面已经是二十年前，即1989年的事了。当时我所在的单位北里研究所正面向21世纪努力开拓新事业并进行机构重组，创办现在位于琦玉县北本市的北里研究所医学中心就是其象征性举措之一。现在研究所占地面积广，我们又创办了综合性医院以及护士学校，将疫苗的研究与生产部门从总部迁移出去并进行扩充的计划也得到顺利开展。这一系列举措的开篇就是创办北里研究所的第二家医院——北里研究所医学中心医院，医院落成并开业是在1989年。北里研究所医学中心医院，也就是俗称的KMC医院现在有四百四十个病床位，是琦玉县辖内的核心医院，肩负着地区医疗的重担。而我与荻老师的缘起之处便是这家医院。

我时常心怀期望，愿21世纪能成为"心的时代"，成为和平与精神文明的时代。于是，我深感医院需要一个重视人心的环境，便产生了在医院里挂满画的想法。在纳粹德国的奥斯维辛集中营（现为波兰境内）里奇迹般幸存下来的维克多·弗兰克尔博士曾说过，

"艺术能拯救人的灵魂，给予人活下去的勇气"，我的想法也是因为对这句话产生了深深的共鸣才萌发出来的。说句题外话，我平常自称是医院里的艺术治疗带头人。

后来，我们为了收集大量的绘画，举办了名为"人间赞歌大赏展"的活动，公开募集画作。请人来担任评委的时候，我才第一次与荻老师见面。当时的评委有森田茂、植村鹰千代、泷悌三以及荻太郎等诸位大画家，可谓是顶级阵容。当时荻老师认同了我的想法，后来老师还把自己的大作赠予医院。自那时起，于公于私我都承蒙老师关照。不只是我，连我已离世的妻子也曾是老师的铁杆粉丝。老师的画作无须赘言，他的人格也充满了魅力。与老师交往，我感觉自己的人生也变得更加丰富多彩。

现在我就跟大家分享几个故事来欣赏荻老师的人格魅力之所在。

首先是荻老师邀请我一起去冈崎市看烟火表演时候的事。冈崎市小原建设公司的董事长也是老师的粉丝，他为我们准备了绝佳的看台座位。落座之后，每放一次烟花，老师都像是返老还童了一般天真无邪地观赏着烟花。坐在旁边的我看着老师不由得感叹，画画的人保持一颗童心是多么重要啊。那天晚上，比起烟火的美丽，老师的一举一动更打动我的心。时至今日，老师当时的音容笑貌仍能够清晰地浮现在我脑海中。后来，老师还带我参观了他年少时常去玩耍的冈崎城城址。我深深感受到老师的盛情款待中饱含着对这片土地的眷恋。

前文提过，KMC医院举办了六次"人间赞歌大赏展"，承蒙大家的厚爱，现在大村美术品藏库已收藏了一千六百余幅作品，平常在KMC展出的供大家欣赏的画作约有三百五十幅。

此外，研究所的各个事业部门也装饰着画。同样位于北本市的北里大学护士职业学校，为培养能够活跃于21世纪的舞台并且拥有丰富情感的人才，特地在校园里装饰了大量的绘画。学校里还有一座名叫王森然纪念馆的附属楼,里面展出各种各样的绘画,可以说与一座美术馆别无二致。建筑冠名为王森然,他是中国近现代伟大的教育家、思想家,同时也是著名的文人、画家。中国有三大国家级纪念馆,一个是郭沫若纪念馆,一个是宋庆龄纪念馆,还有一个就是王森然纪念馆了。他的名声如此之高,就连大平正芳首相访问中国时(1979年)收到的礼物都是王森然的画作。王森然纪念馆里展出着他的家属捐赠的四十幅画以及纪念会捐赠的书画。而附属楼里不仅有王森然纪念馆,还有另一位画家的纪念室,那就是二战后活跃于纽约的画家冈田谦三的纪念室。冈田先生离世之后,他夫人喜美女士将冈田先生的画作连同她自己的一并捐赠给我们,一共捐赠了一百五十幅作品。1999年我们在楼里设立了冈田先生的纪念室。此后,准护士们就在这间纪念室里进行小组讨论等活动。

后来,在我要带荻老师去参观纪念室的时候因为考虑到老师腿脚不便,于是打算为老师准备轮椅,但老师拒绝了。我本来以为可能老师也就停留二十分钟左右，没想到老师花了将近一个小时的时间，一幅画一幅画地仔细看了个遍。那时老师的神情与看烟火表演时完全不同，我不由得心生钦佩："这才是职业画家的风范。"

关于绘画，有一件事不仅让我松了一口气，还增增了我内心的自豪感。

我认为在一个成熟的社会中，美术的作用变得越来越重要，而我的家乡韭崎市却还没有美术馆。我不甘心，于2007年在我老家旁边建了一座美术馆。次年，我将这座本来归我个人所有的美术馆所占土地、建筑本身以及馆内一千幅藏品一并捐赠给了韭崎市。韭崎市将其命名为"韭崎大村美术馆"，并任命我为馆长。

在美术馆举办"女性笔下的花卉展"时，我有幸邀请到了荻老师前来参观画展。展出的四十幅画中唯有一幅出自一名毫无名气的画家之手（虽然这么说很没有礼貌），反正就是还没有出名的一位画家。实际上，这幅画我自认为是"自己发掘出来的"，但对于绘画毫无经验的我来说还是担心会受到老师的批评。老师走到那幅画前面，他观察那幅画的时间比观察其他著名画家画作的时间都要长，看得很是仔细，然后说了一句："好画。"我心里的石头顿时落了下来，那种松了一口气的感觉真是太好了。同样受到老师称赞"好画，画得好"的画，在寒舍也有一幅。独立美术协会的会员福岛瑞穗先生知道我喜欢并且在收藏荻老师的画，就赠给了我一幅荻老师年轻时的作品《银莲花》（六号）。荻老师光临寒舍时我立刻拿给老师看。老师看着自己的画笑逐颜开，他说："嗯，画得很好嘛！"老师定是想起了自己年轻时候的事。

9月7日，我站在由老师家属与新制作协会联合举行的葬礼上，不由得回想起与老师生前的美好往事。我从冈崎纪先生的发言中得知，荻老师一开始并不愿意参加本次展览。他担心如果自己有八幅画参展，那么参展的年轻一辈画家的画作数量就会遭到挤压。在冈崎先生的再三劝说下老师才勉强答应了下来。我们可以从这件事中真切地感受到老师的体贴之心。

接下来我想谈谈我对荻太郎老师画作的感受。

先前我提到过委托老师担任"人间赞歌大赏展"的评委，其实在那之前，已故的奥斯卡艺术画廊的总经理小野正美先生已经给我看了老师的画集。其中有一幅画给我带来的冲击至今难忘。很长一段时间我一直想看看原作，但一直没有机会，而这幅画就在本次展出的老师的作品中。作品的名字叫作《神赐之筷》，创作于1970年。老师作品的题材丰富多样，有花卉、儿童、裸妇、戴帽子的贵妇人以及纪念碑等，总之都具有极高的精神内涵，会在赏画人的内心深处刻下不可磨灭的记忆。说到这里，我忽然想起我女儿小时候说过荻老师的画让她害怕，我当时就觉得小孩子的感觉真是敏锐。话说回来，在老师的作品当中，这幅以"生与死"为主题的画作《神赐之筷》描绘的是许许多多的人围在逝去的人身边缅怀惜别的场景，但画中所有人的表情都各不相同。每一个人与逝者的回忆都和别人不同，心中的依依惜别之情也就各不相同。我不禁去想象，如果躺着的人是我，聚在我周围的亲朋好友们又会是什么样的表情。每次想到这里，我都会告诉自己一定要好好珍惜眼前的人生。

老师常画的另一个题材则与此形成了强烈的对比，那便是孩童，有看马戏的小朋友、感情好的两姐妹、雪国里的孩子们等。本次展览也有一幅孩童题材的作品。不管是什么表现形式，都会让人真切地感受到成年人已经失去的纯真与可爱。我认为正是因为老师自身保持着一颗纯真的心，才能把这些题材描绘得栩栩如生。而那些失去了童心的画家的作品乍一看画得很好，但打动不了赏画人的心。

另一方面，因战争而失去了众多朋友与熟人的老师也创作了不少以"安魂"（REQUIEM）为主题的画作。代表作品就是展示在这里的《纪念碑Ⅰ·安魂——献给阵亡的人》《纪念碑Ⅱ·爱》（1994年）这两幅同系列的作品。我跟老师说希望能够得到这两幅画的时候，其中一幅已经谈好要给别人了。但我认为这两幅画必须要在一起，于是再三请求老师，好不容易才得到了这两幅画。现在这两幅画珍藏在北里研究所里，作为镇所之宝展出。关于这两幅画还有后续的故事。一次我半开玩笑半认真地对老师说："这两幅画既可以看作是绘画艺术，也可以看作是雕刻艺术，买了这两幅画简直是物超所值。"老师也捧我的场，回我道："当初要是再加价一倍就好了！"佐野缝先生也曾说过："荻老师不管是对抽象画还是对具象画都理解得非常透彻，实为不可多得的大家之一。"我还得为佐野缝先生的赞美补上雕刻这一项，荻老师实为伟大的美术全才。我非常幸运，得到了老师亲自雕刻的作品。虽然是小件，但摆放在家里非常赏心悦目。

另一个与荻老师的画作有关的回忆，发生在很久之前。画的名字叫作《去何处》，创作于1989年，1992年在日动画廊举办的荻太郎画展上展出。我本以为这次展览也会选中这幅作品，遗憾的是并非如此。但是，每当我想起老师的画，脑海中浮现出来的一定会有这幅作品。这是一幅194cm×356cm的大尺寸画作，描绘的是十余头牛聚成一群朝着同一个方向猛奔的场景，其壮观程度丝毫不亚于蹄声轰鸣、沙尘四起的宽银幕电影画面。每当我想起这幅画，我都会情不自禁地感叹道："能够画出这种画的画家实在罕见。"

荻老师此次参展的作品中只有一幅是他年轻时创作的，名为《妇人像》。这是我第一次看到这幅作品，我猜测老师画的就是他夫人（喜子）。据我所知，老师在学生时代曾是棒球投手，个子又高，想必当年是位时髦青年。老师挚爱的夫人也很有人格魅力。我去他家叨扰时，夫人会为我和老师留足空间方便我们开怀畅谈。我以为《妇人像》画的就是年少时老师眼中的夫人，于是打电话去询问夫人："画的原型是您吗？"谁知得到的答案却是否定的。夫人告诉我，老师喜欢脖子长的女性，画作中也常有体现。夫人曾经还问过老师："为什么会和我这样的典型日本体型的女性结婚呢？"老师回答说："这个嘛，事情就是这样的。"听到这里，我的脑海中不由得浮现出了老师灿烂的笑脸。

不知道大家有没有注意到有一幅很眼熟的人物肖像画被搬进了会场。我未经老师许可，斗胆给这幅画起了个名，叫作《O博士①的肖像》。为了庆祝我获得美国卫斯理大学名誉理学博士的称号以及六十岁生日，我们研究室的同学会会长山田阳城拜托获老师为我画了这幅画。当时山田对老师说："同学会的经费只有〇〇②这么多，还请在这个范围内报

---

① "大村"用罗马音标注为Omura，此处取首字母"O"，"O博士"即"大村博士"。
② 作者想对经费保密，不想直白地表达出来，所以原文用"〇〇"这个符号代替。

个价……"尽管如此,老师还是答应了,他说:"这个价格的话画框就请O博士自己准备了。"这就算是谈妥了。老师对画框的要求十分严格,这个画框还是老师亲自指定的。荻老师曾为国会议员盐川正十郎先生以及前首相海部俊树先生画过肖像。盐川先生受到过常年辛勤工作表彰,百姓亲切地称之为"盐爷爷"。我看过盐川先生的肖像画,画里"盐爷爷"的人物形象呼之欲出,不愧是出自荻老师之手。老师给我画肖像画的照片收录在我的第二本散文集《我的芝白金三光町》上,起名为《画家的速写》。复印件应该已经发到各位手上了。作画的时候老师一直注视着我,这让我陷入了一种奇妙的感觉当中。那种感觉就像是在接受X光检查一样,又像是老师在用读心术透视我的内心深处。我去画室大概有五次,每天老师都在画草图。但最后一次我前去拜访时,画作已经完成了,我十分惊讶。通过这次经历我才意识到草图对画家的重要性。在我看来,这幅肖像画描绘的不是真实的我,而是O博士应该追求的目标,老师其实是在指引我"要成为这样出色的人"。我希望能在今后的人生中成为这幅肖像画所描绘的人物。到这里,我的讲话也就到了尾声。

关于荻老师的作品,我今天谈了很多内容,老师的画以歌颂、关爱人类为基调,不仅有着澄澈的情感,而且还抓住了人类精神的核心,不管是谁看了都会被深深打动。

老师生前常把他十分敬仰的猪熊弦一郎先生说过的"勇气、冒险与决断"以及"每天都要画素描"这些话挂在嘴边。想必老师在另一个世界肯定见到了享年九十岁的猪熊先生,然后会向他汇报:"比先生多活的这些日子我努力作画,也为新制作协会的发展贡献了自己的力量。"

听我讲话大家受累了,但我相信今天聚在这里的各位,应该有许多人跟我一样都是荻太郎老师的忠实粉丝。让我们一起来感受老师的人文关怀,感受由老师生前亲自挑选在本次展览展出的作品的精神塑造之出众吧!

最后,让我们再次为老师敬祈冥福。我的讲话到此结束,谢谢大家。

    2009年9月19日于国立新美术馆

第二章

故乡是我锤炼构思的地方

悔恨的一瞬间

从去年年末开始，我家爱犬小黑散步时的步调变得有些紊乱。曾经力气很大的它拉着我走来走去的场景已经一去不复返。现在它都只是默默地跟在我后面，有时甚至还会在神社前的石阶上栽跟头，跌到台阶下。

我感觉它是真的上年纪了，问过女儿才知道，它的年龄已经相当于人类的八十五岁了。女儿还说，估计它现在眼睛也看不清，因为即便盯着它的脸看它，它也不再扭头。据说小狗扭头是一种顺从的表现，而且以前打开庭院围栏的门，它就知道是要带它去散步了，会飞奔着冲过来，现在却无动于衷。今年开年后，它的食量突然大不如从前，我十分担忧。到后来它连最喜欢的肉罐头也不吃了，我这才带它去附近的兽医院看病，结果是必须住院。期间我要去德国出差，所以总共住了十多天的院。这十多天里，医生用抗生素给小黑输了液，它身上还长了虱子，所以把它的毛几乎剃光了。

　　进食情况有所改善之后，我把它带回了家。它的变化着实让我吃了一惊，它的毛被剃了之后才知道它已经瘦成了皮包骨头，一根根肋骨清晰可见，后腿的弯曲也很明显。在医院里它几乎是一直在躺着休息，大腿根部已经长出了褥疮。身上的毛被剃了约有三厘米的长度，露出了红色的皮肤。我在家里的玄关处铺了棉被让它在上面睡了两三天，给它擦医生开的药，观察它的情况。它的食欲一点点恢复起来，于是我把它带到室外，像平常一样给它喂食，一餐也不敢落下，细致地照顾着它。后来它基本上就待在狗屋里不出来了，食物基本上是被乌鸦野猫吃掉的。有一段时间，我整天都在家办公，于是来到后院看看小黑的情况，却发现它竭力地站了起来走到规定的地方排便，然后又回到了狗屋。虽然距离不过五米，但对它来说走动这么远真的非常吃力，而它仍然在坚持妻子教给它的好习惯。

八月，加上盂兰盆节我得到了久违的长假，于是决定回韭崎老家度假。女儿要出去旅行，家佣也休假，所以我只能带着小黑一起回老家。司机佐川准备了一个纸箱，我在纸箱里铺了旧棉布，然后把箱子放在车上，让小黑睡在纸箱里。主路非常拥堵，平时两个小时不到的车程这次却花了三个小时。不过这也成了我与小黑时间最长的一次亲密接触。我本来还担心它晕车，它却一路平安无事。到了之后小黑也很有精神，我和佐川都松了一口气，我甚至庆幸带它一起回来。

我在屋里找了一个最舒适的地方让小黑睡觉休息，给它喂食的时候它也吃得津津有味。这里对小黑来说空气质量好，气温凉爽，这样的环境能够让它有食欲，我也就放心了。

次日清晨，我起床之后发现小黑不在睡觉的地方，于是四处寻找。绕了庭院一圈，发现它蹲在玄关入口处,我还感叹它居然走了这么远的距离,然后把它带回来给它喂食,它的食欲又有了好转。响午去观察情况时,它睡得正香,我又放心地度过了一下午。当时我还想:"院子里有水池,干脆把水池围起来,不要让小黑走动太多为好。"但没有付诸行动,我万万没想到这会成为我悔恨的一瞬间。

傍晚,我四处寻找小黑都没有发现它的踪影,于是拜托佐川帮我一起找。忽而发现久未投食的水池里金黄色的锦鲤浮到水面,手足无措的我打电话到春日井的锦鲤中心询问。就在这时,眼前的场景让我不敢相信自己的眼睛:小黑在水池小瀑布水流的击打下沉浮不定。佐川拼命用网把小黑救了上来,但小黑已经离开了这个世界。

"小黑!我对不起你,让你受苦了……"

我在房子后面田地的角落里匆忙挖了一个小坟墓。

小黑现在就安眠在那里。

萨摩之旅

在寒冷的东京近郊打高尔夫球身体会吃不消,于是我邀上三位伙伴一起去鹿儿岛享受高尔夫的乐趣。

飞机从羽田起飞,一个半小时左右就能看到机身右下方的雾岛山系以及位于山系东侧的高千穗峰,一切就像盆景一样小巧而雅致。从地图上看,与雾岛山系有一定距离的樱岛、屋久岛以及南边海域的诸岛就像是撒了一大片网一样,网内的区域便是雾岛屋久国立公园。我们本次的目的地鹿儿岛市与指宿市大概就在该区域的中心位置。

十多分钟后,飞机降落在了鹿儿岛机场。机场周边种了很多铁树、澳洲石斛以及椰子树，给人一种来到了观光胜地的感觉。我们四个即刻前往位于机场附近的金棕榈乡村俱乐部开始打高尔夫，然后又急急忙忙地去了指宿。坐出租车从高尔夫球场到指宿市区大约花了一个小时二十分钟，沿途的风景非常有趣。最独特的就是白沙了，据说鹿儿岛县有百分之六十的地方都覆盖着白沙。山顶的地势相对平坦，但山谷被冲蚀得很深，山与山的间隔非常狭窄。我们离市区越来越近，平坦的地方都用来建造房屋，而住宅用地之间隔着很深的峡谷。未经开发的地方与山谷里都是常绿林，南方的感觉一拥而来。虽然也有杉树，但出租车司机告诉我们这里的杉树不怎么产花粉。靠近海边的平地几乎看不见水田，都是旱地，旱地里种的蚕豆非常显眼。这里每家每户周围都种着铁冬青，树上都结满了红色的果实，这在我老家山梨县非常罕见。我思考其中的原因，发现该地区以树的果实为食的鸟无论是种类还是数量都比较少，这一点或许正好印证了树上留有大量果实的现象。

进入指宿市区后,海拔九百余米的开闻岳,像矗立在海上一般出现在我们眼前。我们住的地方靠近海岸,在这里能够望见西临开闻岳、东临海岸线的大隅半岛顶端。在酒店的庭院里,我还拍到了开闻岳左半山腰上赤红色夕阳西下的照片。

泡完温泉吃过晚饭之后,我叫来了按摩师。按摩师是一位盲人女性,她告诉我,听我说话时还以为我是外国人。或许她说得对,因为虽然我是从东京过来的,但我没有东京口音,而是一口她不熟悉的甲州口音,所以她的误会也不无道理。而夹杂着甲州口音与萨摩口音的对话更为旅行增添了几分妙趣。

次日,在开闻岳山麓缓坡上的高尔夫俱乐部打完球之后,我们参观了期待已久的烧制萨摩陶瓷的指宿长太郎的窑炉。几年前与妻子女儿一起旅行时,我参观过已故作家司马辽太郎的作品《故乡难忘的季节》中主人公沈寿官位于美山町的窑炉。我在那里买到了从旧时藩主御用窑炉发展而来的白陶(白萨摩)与深受百姓喜爱、有着黝黑光泽、朴素又硬朗的黑陶(黑萨摩），两者的气质截然不同。本来这次还想再去一回，但由于时间有限不得不放弃。于是我事先查好了信息，想在从指宿回鹿儿岛的路上顺便参观附近的窑炉。在那里我看到了稍大一些的窑炉，还发现了令我心仪的大号黑陶壶（黑釉酒壶），就忍不住想象把它摆放在家里壁龛上的模样，于是买了下来。在回鹿儿岛的路上我还独自遐想，萨摩当地人是不是都用这个来喝酒呢。

我们住的酒店在半山腰上，这座山被当地人称作城山。到达酒店之后，就在伙伴们办理入住手续的间隙，我去看了看摆放在大厅一侧角落里的陶瓷等萨摩名产。摆放在前排的白陶大壶一下子便映入眼帘，通常在这种情况下我都容易冲动消费，但这次我忍住了，想第二天再来仔细鉴赏。

这家酒店很新，地理位置优越，从露天浴池可以俯瞰鹿儿岛市的街景，还可以望见威严耸立在锦江湾前方的樱岛。二十五年前第一次来这里时还能看见大量的水蒸气喷涌而出，而如今冒着热气的地方却只能看到一处。樱岛以前在锦江湾的正中央，但由于接二连三的火山喷发，现在已经和大隅半岛连了起来，其实已经不算岛了。不过因为实在太有名气，至今也未改名为樱半岛或是樱岛半岛。清晨太阳从樱岛右侧升起，我沐浴在晨光下，享受着露天浴池的惬意。

晚上我躺在床上回想当天的事，白天在酒店看到的白陶细颈壶浮现在眼前，一种想把宝藏带走的感觉涌上心头。于是第二天早上办理完退房手续之后我再次走到那个角落，把壶拿起来仔细观察，原来是第十五代沈寿官烧制的彩绘萨摩。我手里已经收藏了数件上一代沈寿官烧制的水壶，但还没有当代[①]沈寿官的作品。这件作品形状有趣，绘图也不输上一代。最终我还是掏了腰包："好嘞，我要了！"

距离下午登机还有一段时间，于是我们造访了位于曾经的萨摩藩的"根据地"——旧城址中的黎明馆。馆内展出的东西足以让游客感受到当地人对家乡

---

① 指第十五代。

的自豪之情。虽然全国各地都有各种各样的乡土资料馆，但黎明馆不仅名称响亮，而且展出的内容也优于他馆。最主要的一点就是，这里从战国时期到幕末、明治时期，从政治到文化，各个时代各个领域都涌现出了许多杰出的人才，这是其他资料馆想模仿也模仿不来的。馆内介绍当地名人的展区吸引了很多参观的人，这些名人包括战国时期的岛津义久，他击败了宿敌大友宗麟，势力庞大到几乎将九州据为己有，但最后选择跟随秀吉；也包括幕末动乱时期的藩主岛津齐彬和他同父异母的弟弟岛津久光，以及西乡隆盛、西乡从道两兄弟和大久保利通、黑田清隆等杰出政治家。他们被誉为明君贤臣，施行了一系列在日本国内开创先河的新政。还有五代友厚，他在大阪实业界大展拳脚，成了大阪商工会议所第一任会长；村桥久成，他在为官的同时还创办了札幌麦酒酿造所生产啤酒，创造出了沿用至今的"红星"商标。在文化方面，最具代表性的便是黑田清辉了，他活跃于西方影坛，担任过东京美术学校（现为东京艺术大学）的首位西方电影主任教授。另外还有藤岛武二、和田英作以及海老原喜之助等，这里的名人可以说是不胜枚举。萨摩尽管远离政治中心，但在各个时代都人才辈出，人们不禁会思考个中缘由。

从地图上看，大隅半岛在九州岛的最南端，而大隅半岛的南边则是包括种子岛、屋久岛在内的大隅诸岛，再往南的奄美诸岛则接近冲绳群岛。冲绳（当时是琉球）甚至也曾一度处于岛津藩的势力范围内。大隅半岛的地形就像是面朝中国东海伸出的天线一样，为日本的近代化不断接收信息。该地区通过中国，幕府时期则通过葡萄牙、荷兰，比日本其他地区更早接触到西洋各国的文明，这可以认为是地理位置带来的优势。生长在白山上的树木种类繁多，据说多达六百种，而其中最显眼的是樟树。樟树是鹿儿岛县的县树，我们可以试着想象当初荷兰商人为了寻求从樟树上采摘下来的樟脑[①]，从长崎来到萨摩的场景。因此也就不

---

① 樟脑通常由樟树枝叶提制而成。

难想象，伴随这样的贸易往来，西欧各国的新文明也传播到了这里，尤其是幕末至明治时期，萨摩萨摩藩的近代化进程先于他藩，技术与工业能力得到显著强化，成了国内数一数二的富裕之藩，在戊辰战争中，萨摩藩官兵明显的优势则是其表现之一。直至今日，在萨摩玻璃工艺品以及日本最早的中部支点式（西方剪型）种子剪刀等特产中，我们仍能看出当年萨摩藩先进文明的踪迹。

像这样能够让参观者不禁感叹的事物，街上随处可见。这里有因朝廷赐予了岛津齐彬"照国大明神"之神号而建立的照国神社，有岛津光久的别邸中以樱岛为背景，占地五万平方米的仙严园（矶庭园），还有西乡隆盛、大久保利通的巨大立像以及其他当地伟人的雕像，其中还有平田韧负的立像。当年幕府强迫萨摩藩对木曾川、长良川、揖斐川三条河流兴修治水工程，平田韧负历经艰辛，最终完成了任务。但在治水过程中牺牲了九十条人命，而且工程给萨摩藩的财政带来了巨大负担，他深感自责，于是在汇报完工的当天就剖腹自尽，实为萨摩义士。看着这些伟人的雕像，能让人感受到一种在别处感受不到的当地人对家乡的强烈爱意。据说幕府时期完工的治水工程在1959年伊势湾台风的猛烈袭击下也安然无恙。我想起幕府时期在巴黎召开的世博会上，除了日本政府之外，萨摩藩也单独参会，还使用了"萨摩之国"这一看似独立于日本的国家名称。以西乡隆盛等人物为代表，当时萨摩人的自豪感可以说是名正言顺。值得一提的是，当时萨摩藩带去世博会参展的物品是白萨摩。白萨摩采用了描金与浮雕技艺，且瓷器表面上有独特的裂纹，在世博会上引得欧洲各国观众惊呼不已。此后白萨摩的出口量猛增，这也促进了它的工艺发展。

不仅如此，幕府时期英国舰队来到锦江湾，萨摩仅凭一藩之力向其宣战，这在今天看来完全是想都不敢想的事情，那种磅礴的气势实在是令人惊叹。而这种气势与后来萨摩藩不惜触犯国家禁令也要将藩里的十九位优秀青年（"萨摩青年群像"有十七人）送往英国留学的气魄一脉相承。萨摩藩的这一创举具有划时代的意义。众所周知,后来这些青年回到日本,活跃在明治维新后社会的各个领域。

进入和平年代之后,曾经的萨摩气势逐渐消散,如今留在人们生活中的或许只剩下了"萨摩风味炸物""萨摩芋"[①]等食物了。我这么一想,就在不知不觉中买了好多浴室浮石、萨摩炸物等特产,随后便离开了机场。

---

① 即红薯。

故乡是我锤炼构思的地方

三十四年前我来到东京,当了东京都内一所高中的教师。正所谓"居移气",故乡山梨县是我锤炼构思的地方,因此我每个周末都会回去。我翻新了家宅,起名为"萤雪寮",并向学生们开放,家里成了我与他们一起做研究的地方。

我家位于南阿尔卑斯①山麓地带,在这里能够望见山梨县一半以上的地方,风景非常迷人。

---

① 即赤石山脉,是日本本州中部的山脉,纵贯山梨、长野、静冈三县,也被称为南阿尔卑斯山脉。日本阿尔卑斯山脉由北向南分为飞騨山脉(北阿尔卑斯)、木曾山脉(中阿尔卑斯)、赤石山脉(南阿尔卑斯)。

我担任了去年成立的山梨科学会议会长一职,因此回山梨县的机会也随之增多,与山梨县的联系也越来越紧密。

今年春天,政府授予了我紫绶褒章①。在我看来,获得这一荣誉很大程度上要归功于我的故乡。

东京与山梨的距离越来越近。交通日益便利固然是好事,但我对中央新干线还是有些看法,担心不断扩大的东京文化圈或将吞没地方文化。

在国外,很多地方都非常重视当地文化,各个城市都有着各自的风格特征。正因如此,人们才有了丰富的内心世界。不要因为道路、桥梁建设得越来越好就沾沾自喜,我们应该更加重视内在的价值观。这样即便物质匮乏,我们也能保持精神上的富裕。

虽然努力建设经济,成为日本最富裕的县是件好事,但山梨县所持有的知识"股份"还不够分量。

---

① 日本政府颁发的褒章之一,授予学术、艺术、运动领域中贡献卓著的人。

我希望山梨县不要一味地模仿东京,而是要看到自身所拥有的优越的自然环境,创造出底蕴深厚的地方文化。

富士山随想

"喂,能看到富士山哦!"

这是我搬家到这儿上二楼之后对在楼下整理行李的妻子说的第一句话。那是将近二十年前我们在世田谷区冈本一带买房子不久的事。

从山梨县来到东京之后,我们在濑田五丁目住了一些日子,不过住所周围的道路非常狭窄。在我当上社团法人北里研究所副所长之后,所里安排了车来接送我,这也太为难司机了。再者,我自己因为打高尔夫球需要开车,所以学会了开车。学车的时候练得很扎实,这下派上了用场,但是内人的情况不同,她刚在美国拿了驾照,一点也不习惯在小路上开车,进出小路的时候,即便有我在外面给她指挥,也会让人捏一把冷汗。考虑到安全问题,我们开始在附近寻找合适的住处。找房子的条件除了道路宽阔以外,还希望靠近静嘉堂文库(美术馆)和世田谷美术馆,甚至是位于上野毛的五岛美术馆。当时并未考虑因素就买下了房子,房价符合市场行情,房间布局是两居室,住着也会比较方便。

我们将家具搬进新家,上二楼去整理的那一瞬间,窗外的景色深深地印在了眼中。发现从二楼窗户能够看见富士山,我俩喜出望外,没想到这么好的房子还附赠了这么豪华的礼品,真是物超所值。

我老家在山梨县韭崎市,更准确地说是神山町,在这里能够看见耸立于御坂岭之上的富士山。"日落时分富士山西侧如果很明亮的话,明天就会是晴天。得去田里忙活了呢。""富士山顶如果有朝霞,天气就会开始走下坡路。"以前,观察富士山就是我生活中的一部分,同时富士山也给童年的我带来了梦想与希望。然而我到东京之后，脑子里压根就没再想过看富士山的事，甚至连做梦都没有梦到过富士山。

2002年筹建北本市北里研究所医学中心医院北馆时，相关人员特意为我在六层设计了一间有大窗户的所长室。我至今仍忘不了站在窗边看着明朗的富士美景时心里的无限感激。与富士山不期而至的重逢，让我感觉离家乡近了许多，如此无与伦比的礼物让我备感欣喜。

我在国外演讲时，主办方常会委托我谈谈从发现阿维菌素（1979年）后直到现在一路走来的故事。要讲这些事的话我就肯定会用到一张幻灯片，那是位于静冈县伊东市川奈的一个高尔夫球场的照片。我就是在那儿附近采集到了抗生素产生菌。有一次我在准备演讲材料时去现场拍摄用来制作幻灯片的照片，但由于天气不佳拍不到好照片，只好作罢。后来，我来到川奈高尔夫俱乐部位于东京的办事处，对他们说举世闻名的抗生素就产自他们公司球场附近的土壤中，拜托他们给我一些球场附近的优质照片。我一边看着他们球场的引导与宣传手册,一边"贪婪"地要求道:"请给我一张既有富士山与相模湾又有高尔夫球场入镜的照片。"没想到他们就真的给出了一张满足我所有要求的完美照片。我向他们保证,使用照片的时候一定会注明川奈高尔夫球场的名称,随即便将这张照片放进了演讲材料中,直到现在我仍在使用。

播放这张幻灯片时,我讲述的内容大致如下:使用这种产生菌制作的双氢除虫菌素作为动物用药,从1983年到现在,它的销量一直都是世界第一。人类同样可以使用这种药物,每年的使用人数超过一亿二千万,从药物的使用人数来讲或许也是世界第一吧。而生产这种药所需要的细菌的唯一诞生之地就在这张幻灯片中的川奈地区。照片中间是富士山,我出生的地方正好就在山背对着的方向,老家到富士山的距离与到川奈的距离大致相等。在我看来,能看见富士山的地方都是人杰菌灵的好地方。不过这张照片里打高尔夫球的人中并没有我,因为我忙着采集土壤呢。每当我说起这样的玩笑话时,听众们的反应都很热烈。

去年10月，我将自建的美术馆以及馆中所有藏品一并捐赠给了韭崎市，市里为它起名为"韭崎大村美术馆"。美术馆所处位置的海拔较高，在那里不仅能看到富士山，茅之岳、金峰山、八之岳也能一览无余，实为一块宝地。前来参观的人们赞不绝口的不只是馆里的美术品，还有馆外的风景。听到人们的赞美，我自然觉得因为能看到富士山，美术馆的级别也得到了提升。

关于富士山总会让人浮想联翩。

我记得很久之前看过一篇新闻报道，说能望见富士山的最远的地方是在纪伊半岛的某处。在如此遥远的地方都能看见，富士山不愧为日本第一高山。跨越了地点与气候的不同，它存在于由朝至夕的分分秒秒中。富士山时而气势磅礴，荡涤着观者的心灵，时而肃穆神秘，让人魂牵梦萦。

我每个月都会更换壁龛的挂轴书画，这一次我挂上了在岛根县足立美术馆购买的横山大观的彩纸画

《蓬莱山》来迎接新年。整个和室都充满了小小壁龛所酝酿出的高雅格调。

前年去世的片冈球子，她画笔下的富士山可以说是韭崎大村美术馆的镇馆之作。这位大画家曾说："我画过很多山，后来开始画富士山，却始终画不出一幅满意的作品。"很多画家都画过富士山，画富士山看似简单，实则困难。画家如何把握与描绘富士山，正是这些作品引人入胜之处。安藤广重、葛饰北斋笔下经过变形处理的富士山享誉世界，而我的美术藏品中也有各种各样的富士山。已故的下中弥三郎在盘子上一笔描绘出的富士山、画家森田茂笔下稳重的红霞富士、我的朋友守家勤笔下福气满盈的富士山、故乡的代表画家武田好文笔下风云涌动的富士山以及樱井孝美笔下的钻石富士等，每每看到这些作品，我都会被深深吸引，为之心动。

最近，我回老家的次数有所增多，在不同的季节、不同的时刻，在晴天，在阴天，富士山都有着各不相同的表情，透过窗框看过去俨然就是一幅幅名画。从书斋向外眺望的片刻时光，总能够带给我无与伦比的喜悦。

元旦，我像往年一样一大早就出门散步。大约是在日出时分，也就是七点十分左右，我在俗称观富士坡的冈本山坡上看见一对年轻夫妇架起相机，正准备拍摄富士山。于是我匆匆忙忙地赶回家，拿起相机为丹泽山系上冒出头的雪白富士山留了影。新年的第一个工作，便是为富士山拍照。

新年第一次参拜神社后，在返程的出租车上司机跟我搭话说："虽然有点风，但天气还是很好啊。富士山也看得很清楚。"新年与富士山就这样妙不可言地连在了一起。

日本人共有的财富，日本人深爱的民族象征——富士山！

富士山入选世界文化遗产有感

富士山入选世界文化遗产后，山梨县、静冈县等周边地区都沉浸在一片欢庆的气氛中。上一次的目标是入选自然遗产名录，但未能如愿。这一次却被联合国教科文组织选入了"文化景观"的名录当中。的确，富士山不仅仅是自然景观，它也是山岳信仰的圣地。在自然的环境下与人类的活动中，信仰、艺术、传统风俗等经过漫长的岁月与地区群落融为一体，这才形成了富士山的风景，正是这样的风景受到了世人赞赏。入选世界文化遗产的不单单是一座富士山，而是包含周围的神社、三保之松原等在内的综合性景观与自然环境。

富士山入选"文化景观"名录,让我想起了许多艺术家用心描绘的富士之作。

首先是室町时代。作为大日如来、药师如来以及阿弥陀如来等神佛的宿地,当时的富士山在画作中所呈现的形态与如今人们印象中的富士山有很大差别,雪舟却用水墨画的形式精彩地描绘出了雪白唯美的富士山。到了江户时代,浮世绘画师都热衷于画富士山。在这些画师的作品中能够立刻清晰地浮现在脑海中的,还是葛饰北斋的浮世绘《富岳三十六景》。《富岳三十六景》一经出版便大受欢迎,据说还追加了十幅图,成了"四十六景",而追加的十幅画据说被称作"秘密富士图"。总之,这些画都使用了当时刚传入日本不久的普鲁士蓝颜料来制版印刷,有着北斋版画独特的深邃色彩。与此同时,充满独创性的构图与充满跃动感的描绘也深深吸引着看画人的心。《生活》杂志评选出的"一千年来留下丰功伟绩的一百人"中有三位艺术家,北斋便是其中之一,这也说明了他的艺术不只是日本的,也是世界的。能与米开朗琪罗·博那罗蒂、列奥纳多·达·芬奇齐名的日本人也就只有他了。《富岳三十六景》中的代表作《凯风快晴》《神奈川冲浪里》以及《甲州三坂水面》等，实在是不辱北斋大艺术家之盛名，尽管达不到欧洲印象派画家的有名程度，但也能深深地打动人心。

北斋用"四十六景"对富士山进行了充分地描绘，而在他之后，仍有很多画家以富士山为题材，通过各自的独特理解与表现方式呈现出了许多各具风格的绘画艺术。绢谷幸二笔下的富士山喜气洋洋；樱井孝美笔下的富士山能让人精神振奋；森田茂用浓墨重彩描绘出富士山的庄严之态；近藤浩一路笔下的富士山在松枝等前景的映衬下展现出多变的神情；山下充从日本水平眺望而画下的富士山，耸立于三保之松原上，清澄又孤高；富冈铁斋笔下的雄伟富士山展现出一气呵成之势；横山大观笔下的富士山安坐在云的彼端，气势恢宏。林武笔下的富士山表现的则是盘踞在广袤大地上高耸入云的画面……脑海中还在不断地浮现各种各样的富士山画作：武田好文描绘的恶劣天气下露出红土地表的富士山十分雄壮，而降矢组人笔下的富士山则温婉清爽，能够温暖人的内心。这些画家所画的，全都是同一座富士山。

近年来，给我印象最深的、最让我念念不忘的富士山画作便是从六十二岁到一百岁一直都在画富士山的片冈球子老师的作品。她画过很多山，然后才与富士山相遇。"一开始我以为只要把扇子倒着画就成了富士山，但画了之后才知道，富士山的高度与深度是很难描绘的。我至今仍未画出满意的作品。"这是片冈球子九十五岁时说的话。在那之后她继续画着富士山。老师在人生最后阶段的富士山画作，比如《喜福富士》，都为富士山添上了娇艳的花朵。在我看来，这是因为她怎么画都不满意的富士山，对她来说已经成了一种不可企及的敬畏与敬仰的对象。

说到这里，我想顺便介绍一下我自己的富士山。在韭崎市我家厨房的，窗户正好框下了富士山。生活中的每时每刻，富士山的风景都在推移变换。眺望富士山的每一眼，都是一幅世界遗产的绝妙画像，每一个瞬间，都是无比幸福的时刻。

　　回到世界文化遗产的话题，富士山周边地区现在因迎来了大好商机而一片沸腾。不过，也有人担心观光客的迅速增长会造成环境的恶化。为此，我们有必要借鉴比我们更有经验，在世界上最负盛名的马丘比丘（秘鲁）等景点的做法，学习他们是怎么应对这一问题的。富士山现在已经对自驾游进行了限制。此外，为了限制登山人数，有关部门计划未来将收取登山费。这些方案都很好，但现在能做的事还有很多。富士山的人气确实在短时间内迅速攀升，但在很久以前人们享受富士山乐趣的形式是各种各样的。有人为了观赏元旦的日出而前来登山，有人则是在能够看见"钻石富士"的地方架上相机拍照。另外，在特定的地点与时间还能看到富士山上同时出现太阳与月亮的场景。这么一想才发现，还有人会始终在同一个地方拍摄时刻变化的富士山景。比如在山梨县，包含十幅"秘密富士图"在内的北斋《富岳四十六景》中，《凯风快晴》《甲州石班泽》等七景都是从甲州眺望而去画下的作品。或许有一个解决方案就是找出这些绘画中的观望点，带领游客们去观望点游览。通过这样的方式让游客们知道在不同的地点、时刻、季节，游玩富士山的乐趣是丰富多样的。如此一来就能面向更多游客根据他们各自的喜好来进行引导分流，避免出现游客过度集中在富士山顶的情况。

话已至此，我想顺便吐吐苦水。到目前为止，我到过的甲斐之国——山梨县的景点让我耿耿于怀的有两点：一是洗手间糟糕的卫生情况，二是景点周边地区满地的垃圾。尤其是我带领外国友人去参观县里的景点时，真是捏了一把汗。在为土特产做包装之前首先要保证游客良好的游玩心情，这才是景区持续发展的王道。

躬行实践

每年元旦我都会在彩纸上写下一些平日的感触，然后送给研究室的各位同事当作礼物。这是我人生的后半段有意识去做的事情，也成了我的基本行为之一。如果不将想法付诸实践，那么这件事就是办不成的，其中会遇到各种各样的阻碍。想做的有可能是自己日常生活中的事，也有可能是如果不去烦扰许多人或得不到他们的帮助就完成不了的研究和工作等。暂且抛开日常生活中的事不说，我到现在为止，曾在社团法人北里研究所从事医药品的研发创新工作，也策划过新医院（原北里研究所医学中心）、北里大学北里生命科学研究所等新研究机构的成立工作,通过完成这些工作来为现在的学校法人北里研究所的发展做出贡献。

除与北里相关的工作,我还成立了公益财团法人山梨科学学术会,也经营着与研究人员本职工作没有直接关系的学校法人女子美术大学,还担任了"青木繁海之幸协会"的理事长。一路走来可以说是从事了广泛多样的工作。

通过这些工作我领会到了"躬行实践"的重要性。首先,一件事情不可能策划了就会实现,还需要我们在发展过程中及时应对社会形势以及人力资源的变化。其次,要和参与工作的人建立起良好的人际关系,激发出他们的诚意与热情,才能走向成功。而开辟出成功之路,则需要领导人自身做到"躬行实践"。《广辞苑》(日文辞典)对这个词的释义是"表现不光是嘴上说,还要采取实际行动"。

最近我的工作就是在我的故乡山梨县韮崎市"躬行实践"。

三十岁到四十五岁之间，我大多数日子都是在艰苦的研究生活中熬过来的。过了那个阶段之后有了一些时间上的富余，我得闲便能够回韭崎老家看望父母。在老家的日子就是与父母闲话家常，早上散散步，眺望眺望家乡的风景。一段日子之后，我发现老家的人口密度正在急剧下降，同时人口老龄化的情况也不容乐观。尽管我是家里的长男，但我也没有如父母所愿继承家业，而是去了东京。我开始思考自己现在能为家乡做些什么。那时想到的就是开发温泉。自己也希望通过做这些事能够多多少少报答邻居们曾经的鼓励与教导之情。幸运的是，家乡正好有优质的地下温泉，开发出来之后起名为"武田乃汤白山温泉"，并低价对外开放。有不少老百姓来温泉一日游，享受温泉的惬意。在那里他们也得到了许多"一期一会"的邂逅机会。唯一令我遗憾的就是没能让父母享受到家乡的温泉。

之后我考虑的就是如何处理将来要捐赠出去的那些美术藏品了。我决定在温泉旁边买一块地，建一座美术馆来展出我收藏的作品。之后我便将美术馆的占地、建筑本身以及馆内展出的主要是女性创作者的绘画和陶瓷等作品，都捐赠给了韮崎市。

我终于松了一口气，这时来泡温泉以及参观美术馆的人们却反映"希望能有个吃饭的地方"。应游客的要求，我又开了一家名为"荞麦面馆上小路"的店。

如此一来，原本荒无人烟的桑树地一下子变成一个每周有游客一千人左右到访的小镇。

大文豪幸田露伴曾说："欲望使人痛苦，兴趣给人活力。培养丰富的兴趣吧。"

我衷心希望能有更多人通过泡温泉、鉴赏美术等兴趣，过上幸福的生活。

第三章 为实现真正的科学立国

历史随想

位于琦玉县北本市的北里研究所是一个风景很好的地方,即便你没有事情要去办理,只要走到附近就会想顺便去逛一逛。研究所尽管位于琦玉县平坦地区的中心,但仍与附近的县立自然观察公园一样,所里有设计得当的湿地、小山坡等,与其他自然景观完美融合,每个季节都别有一番风情。

研究所附近散布着一些古坟,这些古坟被称作八重塚古坟群。在北里护士学校的正门前就有一处圆形的古坟。这些古坟其实在告诉我们,这片区域因位于荒川河畔,自古以来水利条件便利,十分方便耕作,而且作为居住地能够抵御洪水，地理条件十分优越。并且，这些古坟也证明了这里的地理条件满足人类共通的、从原始时代起就流淌在血液中的对安居乐业的心理需求。

近年来人们大力倡导保护地球环境，社会开始重视臭氧层空洞、废气排放等威胁人类以及其他所有生物生命的问题，并开始采取应对措施。尽管有人认为为时已晚，但我认为这是很好的现象。爱护自然不仅要考虑到自然环境对生命的影响，还要意识到自然也是人类情绪的源头。

我老家房子的后山上有一处被称为"椋平"的战国时代的烽火台遗迹，该遗迹最近被认定为国家级历史遗迹。站在那里眺望，甲府盆地的景色尽收眼底。在烽火台上能用"烽火"将情报沿着一条笔直的路线传递到甲府城。我沉浸在对战国时代历史场景的缅怀中，发现原来这就是利用光进行通讯，也就是所谓的光通信的起点啊。

学习历史，缅怀过去，然后再回过头来观察现在，这样做能让我们发现活在当下的生活智慧，看见通往明天的指南。人们屡屡发现，历史中的事件往往是当今成型文明之起源。走在时代前沿的科学亦是如此。此外，一说到历史就想到国家、社会的历史等大的层面，这固然是好的，但我们身边的事物也都有历史，我们能从中学到非常多的东西。

前些天，书店里一本名叫《微生物拯救文明》（比嘉照夫、渡部升一合著，Crest 出版社出版）的书吸引了我。我买下了这本书，脑海里对比着小时候的农业与现在的农业，在坐车去上班的路上一口气读完了它。

当今的农业一般都依赖于化学肥料与农药，我们需要将利用微生物研发出来的 EM 技术引入到当今的农业中。依赖于化学肥料的农业会让土壤"疲惫不堪"，埋在田里的稻草也很难腐熟还田。EM 技术指的就是通过 EM 对"疲惫"的土壤进行改良，从而实现粮食增产的技术。另外，这项技术还能对原本就很贫瘠的土地进行改良。

我们这一代人小时候会帮忙制作堆肥,而堆肥可以说就是EM技术的原型。制作堆肥需要从山上采摘树叶,收集稻草,然后撒上粪肥让微生物繁殖(也就是发酵)。使用堆肥便能够让土壤长久地保持肥沃,EM技术就是运用了这一原理,为了能够更好地发挥堆肥的效果而挑选出有作用的微生物进行混合。

生产化学肥料需要耗费大量的能源,到头来还会导致环境遭到破坏。相比之下,微生物只需要适当的培养基便可繁殖,而且所需的养分基本上都是农作物或其废料。

这便是一名农业科学家所做出的尝试,他尝试从历史中抽取出还未使用化学肥料时的农业中包含的人类智慧,让这些智慧再次发挥作用。

最近孩子们的行为真是让大人心神不宁。小孩动不动就发脾气,平常老老实实的模范学生却突然行凶,好端端的少年却萌发了想杀人的邪恶念头……

究竟是什么原因造成了这些现象呢?

我读过一本书,书名叫作《来自亚马孙印第安人的口信》(南研子著,书之树出版)。我将书中记录的作者的举动以及拯救亚马孙印第安人的活动与日本的社会现状对比着看,并读完了这本书。

尽管由于前来进行基督教传教活动以及采掘金矿者的闯入,部分印第安部落的生活环境不断恶化,但总体来讲,亚马孙的印第安人部落都生活在直到现在还没有货币流通的丛林深处,处于与世隔绝的状态。部落的孩子,不,包括大人在内的亚马孙印第安人的生活方式与文明发达的日本人的生活方式相比较,实在让人感慨万千。书中所描写的一切会让人联想到日本绳文时代之前人们的生活方式。给部落的小朋友一颗奶糖,他直接用牙齿咬开分给其他小朋友。像这样懂得分享的印第安儿童的行为方式,与当今日本儿童的行为方式就有着十分显著的区别。

印第安儿童是如何成长的呢?首先,出生后的两个月是与母亲独处的时间,母亲会一心一意地哺育孩子。其他家庭成员互帮互助，照顾母亲的饮食。刚出生的小婴儿能够在充满母爱的温暖中慢慢成长。两个月过后，整个部落都将小婴儿视为部落共同的孩子，并悉心呵护他成长。孩子长到两岁，就会进入只有小朋友的世界，跟着年长的孩子们学习如何玩耍。而大人们通常只是在远处观望，默默地守护着他们。孩子们在这样的社会中成长，性格十分开朗，长大成人之后自然而然地就学会了大人应尽的责任。

我们能从中学到的东西有很多。

即便不去追溯历史，单从为了生存而分工协作的印第安人的生活方式中，我们就可以获得不少智慧去矫正当今日本高度文明社会中的弊病。

在车上

明治维新之后,日本人似乎成了模仿外国文化并将其内化为本国文化的天才。无论是商业领域还是时尚领域,人们常说欧美的潮流要等十年之后才会在日本流行起来,如今则完全不需要花费那么长的时间。

在纽约的地铁上看见年轻人大口喝啤酒、吃东西还是前不久的事,没想到这么快就能在JR(日本铁道公司)山手线上目睹同样的场景。一位女性朋友曾在拥挤的电车里看见一个大约十八岁的女生在化妆,于是提醒她说:"女性确实应该注重化妆,但这儿可不是化妆的地方。"结果对方回嘴道:"你又不是我妈,用不着你管。"近来，不只是年轻人，就连中年女性在车上化妆的现象也变得常见起来。日本的年轻人或许并不知道，美国那些家教好、受过教育的人完全不会有他们现在模仿的种种恶习。

年末因为有急事回了趟老家韭崎，当天返回。路上想好好休息一下，于是坐了绿色车厢。隔着过道的邻座上坐着一对带着小孩的年轻夫妇。那个小朋友不知道是不是因为和父母一起出来很开心，在车上大喊大叫，声音高得完全没有要停的意思。同车厢的数名乘客本来都在闭目养神，但小朋友吵闹成这样，大家的脸色都不太好看。那对夫妇还有说有笑，孩子的吵闹程度也就越发不可收拾。那个小孩长大成人后或许也会像他父母一样，无法做到提醒自己的孩子这样的行为会对他人造成困扰。

JR以及各个私营铁道公司都制定了共通的在车上使用移动电话的规范，通过车内广播等形式，呼吁人们遵守这些规范。或许这样的举措有了一定效果，车上比以前多少安静了一些，这是个好现象。

在明治时代文明开化运动的繁盛时期，新渡户稻造对日本的国家身份认同进行深思熟虑。看着当今日本的这些年轻人再回想历史，我完全能够体会新渡户稻造当时的迫切心情。

对文明、文化进行比较的基准并非生活是否富足，住的房子是否光鲜亮丽，而是人们如何做到顾好自己生活的同时也为他人着想。据说，居住在还未开化的亚马孙丛林深处的原住民儿童习惯非常好，生活中会照顾比自己小的孩子，还会帮大人做事。而另一个国家的一些年轻人却只顾自己，只要自己不喜欢就可以轻易地、毫不在乎地夺走他人的生命。试问对比之下，究竟哪个社会才是更先进的呢？

八十多年前，西方伟大的科学家对东方世界，尤其是对日本所表现出的极高的精神内涵寄予了很大期望。能够不辜负这份期望的日本人的内涵，现在还存在吗？

我一边这么想着，一边在新宿站换乘小田急线，走进了拥挤的电车。这时，一位年轻人看见我之后立刻起身给我让座。这对平常不怎么坐电车的我来说还是头一回遇到。我不得不服老,尽管有些犹豫,但还是向那位年轻人道谢然后坐下。

虽然只是这么一件小事,但这至少说明我们应该重视的风俗习惯原来还没有消失殆尽。我心中怀着些许欣喜,结束了一天的行程。

牢骚

文明的进步是否就一定会给人带来幸福呢?

观察最近的社会现状就会发现,一些事件实在太刺眼,以至于会让我们不得不重新思考这个问题。

移动电话日益普及,没过多久便出现了智能手机,一眨眼便抢占了市场。我也十分爱惜自己的智能手机。然而近年来恶意使用智能手机的事件也频频发生,最近的热点话题之一就是盗号冒充朋友进行的诈骗。智能手机操作简单方便,但在安全性能方面给人的感觉就不如笔记本电脑。

此外,关于智能手机我最畏惧的就是人会变成它们的俘虏,眼睛一刻也离不开手机屏幕,就连走路的时候也要玩手机。在拥挤的人群中还会有人不看路就撞过来。我希望年轻人能花更多时间去看书,去培养感知季节与自然的能力。看到小学生、初中生、高中生都在忘我地玩手机,我十分担忧,对肩负着未来的下一代如此放任不管真的没问题吗?他们都依赖于现成的信息,自己不去认真思考,缺乏对想象力的训练培养。如果想象力不足,他们就会欠缺一颗宽容的心(为他人着想的心),社会也就会变得冷漠无情、纠纷不断。

电视刚开始普及的时候,评论家大宅壮一先生曾用"一亿总白痴化"[①]这样的话语来向世人敲响警钟,实为真知灼见。尽管电视普及让社会中的信息丰富了不少,但看电视的人就一定比没看过的人更有智慧吗?我也常常在想:"人们是否比以前更幸福了呢?"

---

① 二战时日本曾有过一条"一亿总玉碎"的口号,当时日本人口约为一亿,因此"一亿总"表示所有日本人。后来人们常化用这一口号,如"一亿总忏悔""一亿总中流"等。

如今通过互联网可以轻松地买到危险药品，拐卖儿童的案件也频频发生。我不禁要问："生活在当下的人们与生活在没有电视、移动电话、智能手机时代的人们相比，真的就享受到生活的丰富多彩了吗？"

我反复思考着这些问题，想写一写最近十分在意的一件事。

NHK 的电视节目《早市》一开始，我就会关掉电视。一位顶尖的女主播加入该档节目后，7 月的收视率创下了 18% 的纪录。不过我想说的并非这档节目的谈话内容，而是不喜欢铺满整个画面的背景中刺眼的三原色色调。色彩的搭配既能让人振奋，也能使人冷静，有的搭配还会引起观众不适。一些节目的背景色彩搭配看了会让人心绪安宁，但唯独《早市》让我无法接受，整个节目的色彩搭配就像在做电视的性能测试一样。每天被迫观看如此电视画面的人对色彩的感觉会陷入麻痹状态，最终丧失人类独有的亲近色彩的能力。最近的电视节目中存在的此类问题实在是数不胜数。

转变话题。我不得不说电视正在逐渐剥夺日本人的"科学思维能力",比如NHK的天气预报。NHK的天气预报提供"洗涤信息"服务,播音员说完"今天天气晴"之后还会补充一句"洗衣服的话会干得很快"。阴晴云雨这些信息难能可贵,但预报到这里就足够了。如果湿度大,那么洗了衣服就不容易干。这就是科学性思维,而且它还可以更深入。看见夕阳就知道明天天气好,这已经成了一般性常识。又比如山梨县的当地居民就知道八之岳山顶上如果有云就说明会刮大风,但会是晴天。在我们身边,通过观察自然能够得到的信息太多太多。这难道不也是与自然共存,通过观察感受身边的事物从而享受滋润生活的诀窍吗?

牢骚(《广辞苑》的释义为"叹息地说着即使说了也无可奈何的话")[①]还没有发完,还是与《早市》这一档节目有关。我甚至在想,日本人的羞耻心已经

---

① 原文为愚痴,括号里的释义是对原文"愚痴"的释义。

丢失到这种地步了吗？有一次，我像往常一样准备关掉电视，屏幕上却突然出现了一名穿着胸罩的女性的上半身，栏目的主题是"女性穿戴胸罩的方法"。演示者一边解说正确的穿戴方法，一边对模特身上的肉又是抓捏又是推压。男嘉宾也站在一旁，咯咯地笑个不停。NHK早上第一档节目本来是要唤醒人们的神经，看到如此栏目的我却陷入了莫名的不适。节目负责人或许是想为观众服务，但他们心中的观众到底是什么群体呢？羞耻心也是神明唯独赐予了人类的可贵品性。

　　人类所拥有的丰富的感知、能力与羞耻心等难能可贵，却因为无聊的电视节目而在不知不觉中遭到扼杀。或许我们已经进入了一个新的时代，在这个时代里，我们需要对每一种便利、每一项服务进行思考，要在充分的自我认知下进行选择与取舍。

为实现真正的科学立国

悉尼奥运会举办期间,日本举国上下一片欢腾。无论是大人还是小孩都忘我地投入到这一盛事当中,这是非常好的一件事。不过,考虑到国家的未来,我还是希望青少年能够对其他事情也多少有点兴趣。首先我就希望他们能有一颗热爱科学的心。

明治维新以后,还没有别的国家像日本一样能在短时间内就跻身于经济大国之列,其中有很多重要的因素,我能够想到的第一点就是教育。那时,教育的主要目的是高效吸收欧美的近代文明。第二次世界大战之后日本的惊人发展,更要归功于国民所接收的知识以及对技术的吸收能力。日本的相机、电视、汽车等虽然现在已逐渐失去了往日的辉煌，但"日本制造"的产品质量就是好，让人能够放心购买。日本通过将这样的产品出口到全世界，迅速加入了经济大国的行列。

然而最近日本的信息科技、生物科技等相关的产业却大幅落后，经常能听到有识之士表示对日本的经济前景感到担忧。到目前为止，日本所取得的能够与欧美各国比肩的发展，除去部分例外，可以说基本都是依靠学习在欧美发现、研发的科学技术来实现的。但当今这个时代光靠单纯的模仿成不了大事，深刻认识到这一点十分重要。如今我们需要做的不再是学习欧美的科学技术，而是必须要有自己的技术，从而进入发达国家的队伍。

目前，日本举国上下都在标榜科学技术立国，政府也正在计划增加科研费用。不过，在这之后需要关注的就是当今的教育，尤其是最近，小学、初中的理科课程时间减少。另外，即便是理工科大学的入学考试,考生也只需参加部分科目的考试即可,比如考生要考医学部,却不用考生物,又比如考生不用考物理就能进入理工科院系等。如果保持现状,那么教育的未来十分令人担忧。

据说这么做的原因之一是为了给学生们减轻学习负担。这无可厚非,但同时也希望有一个能够提拔优秀年轻人的制度与环境。如果缺少了相应的制度与环境,并一味地减负,那么只会徒增有着大把空闲时间的学生的数量而已。

日本的教育场所一直以来就存在一种风气,那就是表扬所有科目都很优秀的学生,即所谓的优等生。而今后的日本,术业有专攻的人会比优等生更受重视。在与孩子接触的时候,首先要观察他们擅长什么,然后再帮助他们发扬长处。长处得到进一步提升之后,相对地缺点也就不再那么明显了,甚至可以忽略不计。完全迎合体制的人只能走上一条既定的道路,有缺陷的人反而有更大的潜力。

塑造出整个社会都重视优秀人才的风气,这才是日本今后应该走的路。而有着优秀才能的人充满个性，他们有的擅长音乐或绘画，有的擅长体育运动，有的擅长其他领域。这些人才当中，还包括有着创造性思维的人。

体育运动的魅力在于运动员们会以日日夜夜努力的成果来一决高下，而不擅长体育运动但对科学有着强烈好奇心的青少年也不在少数。我希望能够为这些青少年多创造一些机会，让他们知道努力拼搏的精彩所在。体育运动有着显而易见的规则，能够清楚地分出胜负，而追求科学的快乐与趣味也与体育运动有相似之处。最重要的是要让年轻人知道，如果不发展科学技术，日本就不会有将来。

社团法人山梨科学学术会是领先于全国各地成立的为山梨县内以及与山梨县相关的科学家、科学技术提供支持的协会。该社团法人最重要的工作之一便是"未来科学家访问研讨会"。此项工作旨在尝试让协会会员以及各个科学领域的专家去访问山梨县内的小学与初中，用简单易懂的话做与科学相关的演讲。我希望这项工作对山梨县的科学技术振兴也能有所帮助。

　　无论是为了年轻人还是为了日本的将来,我都希望人们能够理解振兴科学技术是多么重要的一件事,这也是我创办这个学术会的主旨之一。对于资源匮乏的日本来说,生存之道就是要比其他国家付出更多的努力,尽全力实现真正的有着独创性的科学技术立国之目标。

理工学科研究机构的职责

山梨县内共有十所县立试验研究机构，顺应时代需求而设立的这些机构为了提升县内居民的生活质量，维持舒适的生活环境，保持地区的经济活力，承担着各自的职责走到了今天。

自从这些试验研究机构成立之后，县内居民的期望与产业结构都已经发生了巨大变化，再加之近年来科学技术进步的速度也明显加快，在这样的背景下，山梨县这一小县需要突破各个试验研究机构已有的框架，以重点跟进符合县情的优质科研项目并提升其科研效率为目标，才能够在有限的资源中推进有着本县特色以及世界级水平的研究开发与技术革新，从而实现山梨县不落后于时代的可持续发展。

生物科技、IT（信息技术）产业等词汇的出现已经有一段时间了，它们的内容极其丰富。例如，生物科技不仅能应用于医药产业，还能应用于食品产业、农林产业以及环境产业，最近甚至还被引入能源产业等领域当中。如果要对这些领域进行整合性研究开发，即便是国家组建大规模的综合性研究机构也是不够的。因此，山梨县级别的试验研究机构研究的内容就必须要有本县特色，并且符合本县的实际情况。

这次成立的"山梨县综合理工学科研究机构"应该承担的职责便是将各个县立试验研究机构的人力资源、设备以及研究成果进行横向的、有机的网络化，让以往单个试验研究机构难以攻克的研究领域也能产生新的技术与新的产业，进而推动研究的深入发展。在此基础上，还要加强与山梨大学等各个大学以及企业的合作，让官、产、学之间的联系更加紧密，从而促进共同研究的发展与研究人员的交流。另外，在谋求发展的同时，还要了解县内居民的需求，并真正地将调查、研发、试验研究的成果传达给居民，得到他们的理解与赞赏，这不仅对各个试验研究机构来说很重要，对综合理工学科研究机构也非常关键。

在机构运营方面，为了能够广泛听取意见、建议以及与试验研究相关的评价，我们计划设置一个运营委员会来帮助机构以全球性视野看待问题，目前正在进行委员人选的敲定工作，以期早日召开委员会议。

在本机构的运营方面还有一点值得特别一提，那就是协调员制度。协调员负责在研究主题等协调会议上出谋划策，提出能够充分发挥本县试验研究机构能力的体制方案，比如选定研究主题，面向研究的执行，调整研究内容与敲定研究人选等。协调会议的成员除协调员外，还有熟知各研究机构的机构负责人与研究部门领导等，而协调会议则正是决定本机构命运的地方。

在让综合理工学科研究机构履行应当承担的职责

过程中，我们会遇到不少疑惑，还需要不断摸索。但是，机构的目标非常明确，那就是构建更加优良的能够实现不断交流、集思广益的研究开发体制。为了实现这一目标，我们定会不懈努力。

当然，我们也会铭记一个集体需要依靠集体成员才能发挥作用。因此，我们必须要努力打磨自己，注重培养人才，要有想方设法为县内居民做贡献的积极性与执行力，将机构建设成为一个灵活开放又具有开拓精神的人聚集的地方。这便是我们的目标。这一目标受到县内居民的期待，也将接受他们的考验。我们会倾尽全力去实现这一目标，同时也热切期望县内居民能够给予我们支持与帮助。

久违的慕尼黑之旅

这次旅行与之前的旅行不一样,我怀着特别的感激之情登上了汉莎航空的飞机。旅行的目的地是德国慕尼黑,上一次还是三十五年前与我已故的妻子一起去的。这次行程为期六天,主要目的是去参加国际化学治疗学会举办的梅泽滨夫纪念奖颁奖仪式并在会上做获奖演讲,而日本人上一次获得这一奖项已经是十八年前的事了。该奖项是国际化学治疗学会的最高奖项,设立该奖项的目的是为了表彰已故的受到日本政府文化勋章表彰的卡那霉素的发现者梅泽滨夫博士为世界留下的丰功伟绩。

据说国际化学治疗学会的参会人数达八千之多，而出席这一国际会议的基本上都是医生或医疗从业人员。在会上接受奖牌、奖状以及副奖的颁发之后，我将有四十五分钟的时间来发表演讲。我决定在演讲中主要谈谈我与默克公司（美国）通过共同研究发现的作为医药品有显著疗效的阿维菌素。不同于以往，这次我匀出了充分的时间来准备，所以能够心情放松地上台进行演讲。

在我演讲之前，首先是国际化学治疗学会的K·纳博会长亲自上台介绍我的经历、业绩等。令我惊讶的是，会长竟然知道我喜欢打高尔夫以及开了一家温泉旅馆这些事，完全没有想到会长用幽默的方式将这些信息穿插在对我的介绍中。会长的介绍营造出了让我能够放松演讲的气氛。

演讲一开始，我谈了谈双氢除虫菌素（我们发现可用微生物制作的阿维菌素的二氢衍生物）的发现过程以及这一抗生素的性质，然后阐述了这种药物的重要性。从1983年开始直到今天，双氢除虫菌素都是使用最广泛的动物用抗生素药剂，如今，它作为人类使用的药物每年也约有七千万人在服用，对盘尾丝虫病（河盲病）以及淋巴丝虫病的治疗与预防都有很好的作用。有了这种药后，中南美洲与非洲的三十个国家中已经有十一个国家的盘尾丝虫病疫情得到了有效控制，其余十九个国家的疫情预计也将在2010年之前得到控制。

盘尾丝虫病是一种热带疾病，由蚋传播的丝虫（线虫）中的一种旋盘尾丝虫造成，症状表现为失明以及皮肤重度瘙痒。到目前为止，已有接近两千万人罹患此病，这些患者中每年有数万人失明。而双氢除虫菌素的出色药效则使盘尾丝虫病的疫情进入了即将受到全面控制的阶段。现在，该药使四千万人免受感染，还让五百万人恢复到了能够开始工作的状态。而且最令人高兴的是，官方数据显示，在病情得到控制的地区，新生儿数量达到了一千八百万。淋巴丝虫病是通过蚊子传播的班氏吴策线虫引起的病症，现在已在全世界七十三个国家蔓延开来，感染人数达一亿二千万。这种线虫病会造成严重的皮肤病以及双腿浮肿，但WHO表示，同时使用双氢除虫菌素与另一种抗寄生虫药阿苯达唑，便能在2020年之前完全消灭这种线虫病。

用于消灭这两种热带疾病的双氢除虫菌素一直以来都是由默克公司与北里研究所无偿提供。并且，尽管现在双氢除虫菌素的专利权已经到期，但默克公司仍表示将继续无偿提供这种药物。

另外，近年来针对粪类圆线虫病、疥癣等病症的治疗，双氢除虫菌素的使用相继得到许可，拯救了许多人。粪类圆线虫病不仅出现在了日本冲绳，还在东南亚地区蔓延，全世界的患者合计约有五千万人。这种线虫病由属于土壤线虫的粪类圆线虫引起，它们主要寄居在以消化器官为主的各种内脏中。在日本敬老院中，疥癣的问题比较严重。疥癣这种传染病由疥螨的亚种（螨虫的一种）引起，全世界每年有三百万人患上此病。人们早就翘首以盼双氢除虫菌素能够获得许可，投入到对这些传染病的治疗中。在治疗这些传染病时,患者只需按自身体重平均每千克服用0.2毫克双氢除虫菌素,服用一次便能有显著效果。说双氢除虫菌素是自六十年前人们开始使用青霉素以来唯一能与之相媲美的发现,原因就在于该药的显著药效。

在做了如上阐述之后,我强调了人类能够得到这种药真的是非常幸运。然后,我谈了谈利用我们发现的放线菌链霉菌阿维菌素研发出这种抗生素的机制。最后,我阐述了这实在是极其特殊的研发方法,用一句"从微生物进化而来的人类收到了一份来自微生物的特别礼物"做了结语。

那天晚上,学会要员与来自日本的与会人员共约一百人聚集在我入住的索菲特酒店大堂,为我举行了祝贺晚会。我在晚会上说:"德国是日本近代医学的恩师,尤其是我们北里研究所的创始人北里柴三郎,他曾在柏林师从罗伯特·科赫,六年间潜心科研,成功实现了破伤风杆菌的纯培养,发明了血清疗法。回到日本后,他又发现了鼠疫杆菌,为预防医学呕心沥血,可以说是日本近代医学之父。"另外,世界上最早的化学疗法药剂——洒尔佛散也是由保罗·欧立希（德国）与北里柴三郎的学生秦佐八郎进行共同研究后于1910年发现的。可见北里研究所与德国有着深厚的渊源。我在结尾处说："这次获奖的研究内容是以北里研究所为平台研究成功的，现在能够在德国拿到梅泽滨夫纪念奖，心中感慨无限。"最后我向在场的各位表达了谢意。

从慕尼黑机场登上回国的航班后，因为获奖演讲受到好评，我收到了很多来自与会者索要资料的请求。脑海中除了获奖带来的思绪外，回国后堆积如山的工作也一闪而过。我在心里默默想着回去后的工作安排，度过了在飞机上的时间。

第四章 化梦想为生存之力量

美术是我的自由时光

我担任着北里研究所的理事、所长，研究所下属医疗机构北里研究所医学中心医院作为"挂满画的医院"而受到热议。另外，我还兼任女子美术大学的理事长，这件事也广为人知。因此，我对美术的喜好也随之口口相传。不过，我对美术的深厚感情早在我成为科学家之前就已经萌芽了。如今，虽然我作为一名科研人员一直都在追求对科学的深入理解，但同时我欣赏艺术的眼光、对艺术的理解程度以及受艺术感动的程度也在不断深入。

具体的事例、体验与思考我能说出很多很多，首先就来说一说作为科学家的我为什么对美术抱有如此强烈的兴趣与热情吧。

从理论上来讲，科学与艺术肯定有共通之处才会让我产生兴趣。那么两者的共通之处是什么呢？

简单来讲就是创造。

打个比方，一个科研人员如果不懂实验的技术，没有相关知识，那么他就不可能有全新的发现。艺术也同样如此。无论一个人的感知能力多么出色，思考有多么深入，如果没有表现的技术，那就不行，反之亦然。各种各样的东西经过打磨融为一体之后，才会形成真我的绘画风格和雕刻风格，这才称得上原创的、新的发现。科学与艺术的共通之处，便是所谓的创造。

无论是科研还是美术，最终受到人们评价的不只是其中包含的技术或知识，而是整体成果。只有最终成果中体现出了创造性、原创性，才能打动人的内心，从更大的层面来讲，也是为人类的文化做贡献。正是因为科研与美术有着如此共通的本质，我对美术的兴趣才会随着研究的深入而不断深入。

另外,从受众观赏作品、阅读论文的角度来看,两者也有共通之处。首先,面对作品也好,论文也罢,如果没有一颗像接收器一样高灵敏度的心,再怎么欣赏阅读都不会受到任何感动。而一颗高灵敏度的心则需要通过观察真品、佳品和接触一流人才所表现出的创造性以及与他们交谈等方式来培养。与创作方相同,接受方也需要打磨自己,否则即便遇到真正的好作品也无法辨别出来,从而失去为人生增添感动的机会。如果接受方能够准确地辨别出好的作品,那么我们的文化也会越来越丰富。

我本人在科研方面不断磨炼技术,积蓄知识,提高创造能力,努力寻求新的发现。不过在艺术方面因为没有自行创作的能力,我只能从其他方面着手,磨炼自己的眼光,不断地去观赏并享受。

观赏并享受美术品,对我来说是十分重要的事。要说原因,还需要先从近来我非常感兴趣的吉田兼好说起。他的作品《徒然草》广为人知,读着他的文字与书籍，我不禁感叹他的思想至今仍然适用。不，应该说他的思想就是日本文化观的基础，实在是令人佩服。其中最打动我的便是他对"生"与"死"的哲学观。

这个问题一言难尽，也轮不到我来阐释。不过我以门外汉的身份尝试做如下理解："'死亡'不分年龄，不分壮弱，它何时到访无从知晓。正因如此，请珍惜'活着'，热爱生命。"这一观点潺潺流淌于兼好的思想中，而我自己还为其添加了"请保持自由之心"的色彩。

在此回顾自己的人生，因会议、科研而忙碌的生活中，自己最自由自在的时光就是在欣赏美术作品的时候了。比如在经营研究所与医院方面，我时常有种必须要把我们的机构建设得越来越好的使命感，有时即便自己不想谈钱的事情也不得不谈。但美术不同，看或不看都不受旁人左右，好与不好亦是直言不讳。我喜欢的作品想怎么欣赏就怎么欣赏，不喜欢的作品不看便罢。

我遵从兼好"热爱生命"的主张，通过接触美术作品从而获得能够自由支配的时间。这便是我热爱生命的方式。

我并不认为这只是自己一厢情愿的想法。在"挂满画的医院"里，不只是走廊和广场装饰着画，每个病房里也都各挂着一幅画。患者朋友们也对我说，看着画就能忘记病痛，可以在纯粹的属于自己的时间中得到自由之心与畅想空间。我可以充满自信地说，这些画也是治疗的一种方式，医院非常需要这些画。

话说回来，如今我如此热爱美术的根源在于儿时接受的教育。详情请听下回分解。

使人生丰富多彩的情操教育

这次我就来讲一讲为什么我对美术热爱到如此程度,主要聊一聊当初爱上美术的契机。上次也稍微提到过,原因就是儿时接受的教育对我的影响很深。

父母在我小时候就要求我"自己的事情自己做",对我的教育一直坚持这一点。但除此之外,他们基本上都会尊重我的意愿,从来没有对我说过"要努力学习"这样的话。

在这样的环境中让我耳濡目染的,便是所谓的情操教育了。"情操教育"这个词或许现在已经没有人使用了吧。母亲曾是小学的音乐老师,我或许也是受到母亲喜爱艺术的影响。仔细一想，我的兄弟们也都与文化事业有着某种形式上的联系。虽然情操教育在如今的教育系统中有不受重视的倾向，但我认为打磨感知能力，使人生变得丰富多彩，这对人类来说才是最重要的事情。

母亲常常买一些小幅绘画，虽然都是复制品，买回家后装进画框，然后若无其事地挂在我的书房和卧室。米勒的《拾穗者》、拉斐尔的《丘比特》等作品至今让我记忆犹新。就是因为身边有这些画，我自然而然地就喜欢上了绘画。这样的成长环境就是我如今热爱美术的基础。

后来，我自己也开始将报纸、日历以及母亲读过的《妇女画报》等杂志上看到的绘画照片以及与美术相关的文章剪掉收藏起来。之前在家里整理时发现以前做的剪报堆积如山，数量多得惊人。因为从小学高年级开始一直在做这件事，尽管没有看过真品，但我自认为接触过相当多种类的画，在这方面绝对不会输给三流评论家。接触美术早已成为我的习惯。

大学毕业后，我终于能够用自己挣的钱买东西了，也就自然而然地产生了"要买画"的想法。一开始只能承受十二个月的分期付款，好不容易还清了，结果发现自己又在买新的画。（笑）我不停地买画，账单和我就好像在玩捉迷藏游戏一样你追我赶。这便是我收藏生涯的开篇。

如今回过头去看这些画，有的会让我觉得"不知道好在哪里"，也有的会让我觉得当时的自己还是有眼光的。那个时候还没有见识过真正的佳作，所以收藏的作品也是鱼龙混杂。

第一次实际见识到真正的佳作是从山梨的大学升学到东京的研究生院（东京理科大学研究生院理学研究科），也就是刚到东京的时候。最先去的美术馆是普利司通美术馆，最先去的画廊则是日动画廊。要说原因，那是因为这两个地方都离东京站不远，步行即到，路也好找，而且不要门票（笑）。

我首先去了普利司通美术馆，在那里看到了鲁奥的作品。见画之后我惊讶得合不拢嘴，无法用语言去形容作品的惊艳，我感受到了内心的震撼……在那之前我做过的所有剪报和多多少少买过的一些画都不值一提，当我看到真正的原作时心想："能来东京真是太好了，喜欢上美术真是太棒了！"

之后，我去了日动画廊，又因为别的事情而心生感动。当然画廊里也有很多好画，上面也都标着价。价格高的大抵都是好画，第一次认识到"原来享受佳作的趣味也是需要花钱的啊"。那时的记忆至今仍能鲜活地浮现出来。

从那个阶段起，我因工作安排而受邀出国的机会越来越多，平均一年要出国六到七次。我一般出国后必做的事情有两件：

首先是找出能够吃到日本菜的地方。如果找不到日本菜，中国菜也行，因为有时候一出差就要在当地停留一个星期以上，期间如果一直吃当地菜的话整个人都会感觉很不舒服。

其次就是找到当地美术馆的所在地。有时候问咨询台，有时候问服务生。等到研讨会、演讲等工作结束后可以休息了，我便立即冲出去参观美术馆。我已经把整个巴黎逛得差不多了，而且是一边看画一边逛。总之是越看越上瘾，不看就会觉得浑身不自在。

我在东京的时候也一样，只要有空便会飞奔到银座附近，其他时间也会见缝插针地去逛美术馆。前不久有一次要去琦玉县北本市，本来要上中央高速，但因为高速路上发生了事故而无法通行。而我又不能半途折返，于是临时起意，干脆翻过山去青梅市的（川合）玉堂美术馆逛逛。毕竟我也是有美术瘾的人。（笑）

我这些行为表现的根源就在于儿时接受的教育带给我的影响，这些影响也使我的人生变得丰富多彩。我真的十分感谢父母的教育，同时希望当下的教育也能够更多地将眼光放到文化层面上来，探讨出更加丰富的课程与教育环境。

接下来就该进入我人生三十五岁到四十岁这一阶段的故事了。这一阶段我在买画这件事上开始动了真格，中间有很多与此相关的趣事。详情请听下回分解。

收藏的学问有动人之处

这次接着上次的话题,讲一讲我开始动真格收藏绘画之后的一些难忘的事。

我带着妻子去美国留学是在三十五岁之后。我在位于康涅狄格州米德尔敦市的卫斯理大学讲课、做研究。校园很小,但古色古香,很有风格。周末我一般都会带着妻子和朋友一起开车去兜风。某次,我发现了一条古董商店街。"原来周围还有这样的地方……"我这么想着,突然望见了一家名叫"东方艺术"的破旧的店。

进去看过之后我大吃一惊,在那之前只在剪报上看过的广重、北斋、歌麿等大师的画作琳琅满目。此后，我有事没事便会去登门拜访。一次，店主叫住了我："你是日本人吗？既然你这么喜欢画，我希望你能帮我一个忙。"问了才知道，原来店主是想让我帮忙翻译画上的日文汉字，好方便整理。"原来如此，我马上就可以开始……"后来每次去店里玩都会帮店主的忙。帮忙帮得差不多了，店主对我说："我没有钱，但美术品倒是有不少。你可以从这些画里面挑一幅喜欢的带走。"于是，我挑了一幅歌麿的美人图。这便是我动真格做收藏的开始。

自那时起，我就一直在当地收藏浮世绘。收藏的作品不只是版画，还有亲笔画。那段时间，经常和我一起打高尔夫并且和我来自同一所大学的学长、物理学教授佐柳和男先生（已故）也在那边。因为我总是去看画，他后来也跟着我一起去，并且开始对画有了兴趣。没过多久，他也开始不停地买画。我想，两个人的兴趣可不能产生冲突，于是开玩笑地对他说："你不是喜欢美人图吗？那你就冲着（池田）英泉的画买，其他的让我来。"后来就真的这样分开来进行收藏了。

收藏过程中，我们都在想："原来代表日本文化的浮世绘居然如此大量地流到了国外，干脆就由我俩来掀起一场送画回国的运动吧！"总之，总是说一些冠冕堂皇的话来为自己的兴趣找借口。（笑）不过，佐柳教授收藏的英泉作品可是相当了得。他晚年的时候常在美国各地的美术馆做演讲，简直成了浮世绘的权威人士，毕竟是物理学家，所以心思十分缜密。唉，都是我煽风点火惹的祸。（笑）

话说回来，当时预计要在美国驻扎三到四年，所以我以为可以优哉游哉地去收集美术品。结果却因为不得不回日本担起带领一整个研究部门的重任，只在美国停留了一年零三个月左右便回国了。之后我便快马加鞭地疯狂买画，还挪用了妻子的零花钱。（笑）那时候我收藏的浮世绘价格已经飙升到刚回日本时入手价格的十倍了。后来在我热衷于高尔夫的那段时间处理掉了一幅又一幅画，不过我还是留下了十五六幅版画。直到现在，我仍然觉得这些画都是非常出色的作品。

说到出色的作品,还有后续的故事。回国后,我在当时的北里研究所所长秦藤树先生的手下做事,那时有一名画商经常出入研究所。后来发展成他只要见到我就会给我看画,我用月供的方式向他买画,重启收藏的爱好。或许是因为在美国的收藏经历培养出了眼光,我向那名画商买下的很多作品直到现在仍是我珍藏的最爱。

其中最值得一提的便是野田九浦的作品《芭蕉》了。我特别喜欢这幅画,尽管作者不是特别出名,作品的价格也不算高,但这些都不是关键,重要的是这幅画让我打心底觉得"这是一幅佳作",它触动了我的灵魂。我时常拿出这幅画来欣赏,每次都有新的感动,这是一种幸福。每次欣赏画作我都会切实体会到这种幸福的感觉。原来我一直以来的心态都是好的作品能多收藏一幅是一幅。

这样的心态一直持续到了现在。我在研究上取得了成果,获得了许多专利,自从研究所给我发放奖金以来,我就把奖金都用来买画了,所以我一丁点儿私房钱都没有。钱存起来也没什么用，还不如用来换成实物。（笑）尽管这样做妻子很是不满，她说："等你老了看你怎么办，到时候就算你想把画卖了也不一定卖得出去。现在不留点钱那可不行。"不过在我看来，正因为钱这种东西来得快去得也快，所以我才能下定决心把自己认为"好"的作品给买下来。我买画也完全没有往投资那方面想过。我喜欢的、能打动我的画我才会买。虽然很单纯，但这才是收藏的首要秘诀。

在与本职工作相关的藏品方面，北里研究所也在标榜"打造医院的治疗环境与文化环境"，不断推进着美术品的收藏工作。尤其是铃木信太郎、冈田谦三、王森然等名家的作品已经达到了相当的数量，这又与北里研究所医学中心（KMC）"挂满画的医院"有着千丝万缕的联系。研究本身能对社会产生作用，在此基础上还能对社会进行文化层面的馈赠。这样讲是否会让人觉得我把话说得太不切实际了呢？关于KMC的事，且听下回分解。

挂满画的医院之创造文化的"玩乐心态"

上一次我谈了谈自己的收藏经历中最吸引人的一部分。收藏基本上算是私人性质的娱乐,往大的层面讲收藏也可以发挥出社会影响力。这次我就来谈谈我参与过的工作中最具代表性的 KMC 医院。

附设医院的 KMC 位于琦玉县北本市,其占地面积约有十万坪①,是一所综合性医疗机构。该机构作为北里研究所成立七十五周年纪念活动的一环,于

---

① 日本传统计量系统尺贯法的面积单位,主要用于计算房屋、建筑用地之面积。主要在日本、中国台湾和朝鲜半岛等使用。1 坪等于 1 日亩的三十分之一,合 3.3057 平方米。

一九八九年投入使用。医院共有八座病房楼。十四个临床科室以及各种专科门诊，秉持着高度专业的精神与宽广的视野实施综合医疗。医院还积极引入医用加速器、MRI（磁共振）等最先进的医疗仪器，作为睡城化趋势明显的城市周边地区的核心医院发挥着相应的作用。

不过，机构最大的特色并非这些，而是"医院里挂满了画"。正如字面意思一样，医院大厅与走廊的墙面上像美术馆一样挂满了画，每间病房里也都分别挂着一幅满足患者喜好的画作。机构里还有一所于一九九四年成立的北里护士职业学校，而学校的附属楼里常设冈田谦三纪念室，地下室还设有藏品库。藏品库中保管着研究所一千四百余幅的绘画藏品。这些藏品中有一百五十幅论质论量都无人能及的冈田谦三之作，有我十分喜爱的铃木信太郎等已故画家的佳作，有森田茂、荻太郎老师等与我有着深厚交情的现代日本大家的作品，也有王森然、张仃等现代中国画翘楚的作品，还有在北里研究所主办的"人间赞歌大赏展"中脱颖而出的历届获奖作品所代表的新锐画家之作。库中藏品可以说是种类丰富，质量上乘。这些画会不定期地轮换，在医院进行展出。我可以自豪地说，这样的医院打造起来可没那么简单。

在细谈研究所的藏品之前，我想先谈谈KMC医院最根本的理念。

理念之一，我从自身的经历中便深有体会。年幼时的我体弱多病，常常上医院看病。对那时的我来说，在医院一等就是几个小时，非常无聊，而且在我看来，医院就是一个阴暗的、只有人走来走去的地方。于是医院在我多愁善感的幼小心灵里留下的印象就是一个氛围糟糕得连健康的人去了似乎都会生病的地方。

在筹划成立KMC医院时，我突然回想起了那段往事。我不愿让来看病的人跟我有相同的感受，我希望医院能变得更加明亮并且让人心情愉悦，比如能够听到音乐，有书可供阅读……一定要让医院的环境能够治愈人心。既然如此，反正自己喜欢美术，我想干脆就在医院里挂上画吧。医院到处都是空旷的墙壁，只要愿意甚至能腾出展示大幅画作的空间。于是我从设计阶段就开始在方案中融入这些考虑。如今，医院里随时都展出着大约三百五十幅画作。达到如此数量之后，即便想一次看个遍恐怕也很难做到哦。（笑）

理念之二，便是我推崇的要重视"玩乐心态"。名垂青史的人物都有这样的心态。

何谓"玩乐心态"？用我自己来举例。作为一名化学家，就必须要在化学这条路上苦心钻研，但如果一生只做这一件事那就太无趣了，所以我才会去欣赏绘画，收藏绘画。这就是"玩乐心态"。历史上流传的战国时代丰臣秀吉等武将在两军交战战场上演练茶道的故事，这便是"玩乐心态"最典型的表现，而这也使得茶道延续至今，成了日本文化最具代表性的结晶之一。总之，"玩乐心态"指的就是在各自独有的审美观下做不符合本来目的的、异于他人的事，并对其进行欣赏，从而将其作为一种新文化与历史相连。

从这一层面上来讲，让医疗空间充满美术作品的KMC医院实在是一个洋溢着"玩乐心态"的空间。虽然医院本来的目的是为了让患者接受治疗，但在此基础上，我们还做到了让患者在等待检查结果和等候取药的空闲时间中，能够轻松愉悦地去欣赏绘画。医院的工作人员也可在空闲时间去欣赏自己喜欢的画作，从而心情得到放松。从大家投递给医院的信件中也可以清楚地感受到这样的"玩乐心态"，如今对医院来说这已经成了必不可少的元素。"接受治疗的同时，还能够在如此令人意想不到的、满是出色画作的环境中度过余生，真的特别开心。""每天治疗结束后我想的都是今天要去看这个展区，明天要去看那个展区。每天都在医院里来回看画，三个月的治疗时间一眨眼就过去了。""医院的绘画都非常出色，从东京和山梨前来看望我的兄弟都十分惊讶，说是在东京也很罕见。我再次受到了感动。这些画真的能给心灰意冷的患者带来慰藉。"……

我还听说周末有老两口牵着孙子的手前来看画，当作周末的娱乐项目。还有从其他县组团坐大巴前来看画的。每次听到这些事,读到上面提到过的信件,我的内心都充满喜悦,心想:"没想到医院竟然如此受欢迎,看来我的决定是正确的!"

当然,医院收藏的画并非从一开始就如此丰富。我们也经历过不断尝试,得到了许多人士的帮助才有了如今的成绩。下回就主要来谈谈这一过程中的故事。

挂满画的医院之"志向"搭建起的藏品库

KMC医院中洋溢着"玩乐心态",这是传统医院所不具备的。现在医院的绘画藏品数量多达一千四百幅。当然,我们的藏品并非从一开始就有如此规模。这次就来谈一谈KMC医院是如何成为"挂满画的医院"的。

首先遇到的问题就是如何收集到数量能与医院众多空白墙壁相匹配的画作。这肯定无法通过大量购买昂贵的画来解决,因为医院的运作容不得半点大意,所以无法从中抽取资金去买画。

后来我灵光一闪,想到了通过"人间赞歌大赏展"来进行公开募集的办法。我们设置了有两百万日元奖金的最佳画作奖等奖项,向入围者支付一定金额买下其作品。我认为通过这样的活动方式可以收集到来自充满朝气的新锐画家极具多样性的作品,同时获奖的奖金还能帮助他们在绘画事业上更上一层楼。前不久第五届活动已落下帷幕,而活动的初衷不曾改变。

最费心思的就是评审工作了。因为我是活动的发起人,所以当然要参与评审工作。但评审工作不可产生感性的偏向,因此评委必须要请能够明辨优劣的大师来担任。表达出我的想法之后,森田茂老师、当时还精神矍铄而如今已离我们而去的植村鹰千代老师、本间正义老师、泷悌三老师以及荻太郎老师等诸位大家,都予以赞同,并答应担任评委。

评委阵容定下来后,我们便开始了评审工作。揭开画布后才发现,我们竟然募集到了一千余幅作品,而作品质量之高让各位评委老师都为之震惊。最后我们评选出了一百幅左右的入围作品,其中幸野义的作品被评为了大奖作品。关于"人间赞歌大赏展",之后还有机会再谈,总之这便是KMC医院建立藏品库的第一步,一切都从这里开始。

后来,"挂满画的医院"变得众所周知,越来越多的人表示"我想留下一些出院的纪念,不知道能不能让我把自己买的画捐赠给医院呢?""医院的宗旨让我深受感动,不知道能否在医院也挂上我的画呢?"医院的藏品规模随之变得越来越大。美术家联盟也表示"希望能让每间病房都挂上画",于是向医院捐赠了大量的作品。还有很多其他预料之外的作品,通过意想不到的机缘巧合也成了医院的藏品。

比如现代中国画的领军人物张仃的作品。我与中国的缘分不浅,第四届"人间赞歌大赏展"还是在中国举办的。一次,我在中国参加会谈的时候见到了张仃老师的夫人。她对我说:"我先生现在正在举办展览,请务必前来参观。"我想办法腾出时间去看了展览,深受感动。他的作品重写实主义,而不在墨的浓淡上做文章,打破了中国画的常规,有着与传统中国画划清界限的魄力。我立即提出请求，希望能买下一些作品，结果被告知"不能卖"。原来他的作品属于中国的文化财产，一般情况下是不能带出国的。但幸运的是，我们有缘同为中国国宝级画家王森然学术研究会的会员，而且最重要的是他知道我们医院的情况，于是找了有关人士进行沟通。最后，我成功收藏了大约二十幅他的作品。

此外，大约收藏了一百五十幅冈田谦三作品的冈田谦三纪念室也是我院的一大骄傲。关于纪念室，有这么一个故事：冈田老师去世之后，夫人喜美女士不得不把手上的一些作品给处理掉。碰巧北里大学的盐谷信幸教授之子曾受过冈田老师的关照，他提出能否让北里大学来接收这些画。但是校园里没有地方可以保管这些画，而且学校也没有做过此类工作，于是便找到了我进行协商。我本身就非常喜欢冈田谦三老师的作品，所谓的玄妙主义的抽象世界，如果没有一颗日本人的心是无法构筑起来的。每次看到老师的作品我都会感慨，这绝对是外国人描绘不出的感性。因此，我决定让KMC医院将这批画照单全收。

许多收藏家、评论家都对我们的藏品感到惊讶。前不久泷悌三老师还瞪大眼睛对我说："这儿居然有这么多冈田老师的画啊！"（笑）顺便提一句，冈田谦三纪念室是KMC下属的北里护士职业学校的一部分，这一展览场所还会举办演讲会、恳谈会等活动。我常常都会想，为了让医疗事业发展得更好，需要这样的环境来培养护士。护士是最近距离接触患者的岗位，正因如此，他们需要有一颗内涵丰富的心。所以我认为他们需要为此去更多地接触优秀的艺术与文化。这些由我们统一进行保管的作品能起到这样的作用，喜美夫人也为此感到高兴。

我认为这样的缘分也非常不可思议。我们的工作也得到了各界人士的支持与赞同。如果这是我个人的收藏，肯定不会有这样的反响。正是因为"为大家着想"的念头才收到了如此效果。而且最重要的是，回顾KMC医院的发展历程，我切实体会到了胸怀志向有多么重要。

忘不了的回忆
——我的画家交友簿

我买画的时候,有一件事我必须要做,那就是争取与画家见面的机会。

当然,作品本身要有魅力,这是首要条件。对我来说,有魅力的作品就是画家依据自由的想象毫不收敛画出的作品。当我看到这样的作品时,我就忍不住想:"有着如此独特想象能力的人到底是一个什么样的人?""我对作品的感受是这样的,是正确的吗?"这或许是科研人员的坏毛病吧。(笑)

我收藏的在世画家的作品中,恐怕没有一件是与画家还未见面就买下来的。我也因此交了很多画家朋友，收获了不少愉快又宝贵的经历。这次我就来谈谈与画家朋友们的回忆。

首先是森田茂老师。回忆的开端是大概二十年前熟人向我展示老师作品的时候。我觉得作品十分出色，于是说很想见一见画的作者。没想到对方告诉我这位画家正在举办个展，邀我一起去看看。

去了之后我还说了特别没有礼貌的话。因为每幅作品都很有魅力，我实在无法决定买哪一幅，竟然对老师说："老师，请您帮我决定买哪一幅吧。"结果老师对我说："那你就买这些画里面最重的那一幅吧。"

当听到老师如同禅语问答般的回答时，我哑口无言。我想老师是不是在暗示我"跟随自己的内心去做选择"，实际上老师是不是这个意思无从知晓。不过从那以后，我在选择作品时不再去想画是好还是不好，技艺是精湛还是拙劣这些问题，只要画作给我留下深刻印象，打动我的内心，我就会选择它。

另外，老师还对我说过这样的话：即便我们现在模仿拉弓放箭的动作，我们也无法想象出射箭的真实场景，脑海中也浮现不出离弦之箭的形象。但如果是经历过无数修行的隐士来做的话，即便手上没有实物他也能听见绷紧的弦以及箭头划破空气的声音。我认为这对画家来说也是同样的道理。画家如果不通过大量的观察与描绘去加深修行的话，单是从色彩方面就无法打动观画者的心。反过来说，修行够深的画家画出来的作品无论从哪个方面看都会让人觉得栩栩如生。想到老师以能乐为题材的作品，他的话就更显得余音绕梁了。

老师不仅说话深刻并且充满禅意，同时也有着童心洋溢的一面，这正是老师的人格魅力之所在。有一次老师突然说："想吃家常菜了。对了，我们去吃天妇罗盖饭吧。"于是我们带上彼此的家属一起去了涩谷餐饮街的大妇罗盖饭店，老师特别高兴。

说到童心，荻太郎老师也同样如此。

老师曾招待我和妻子去他老家冈崎看烟火表演。冈崎的烟火表演非常有名，而且规模很大，烟火表演的壮丽程度可不是三言两语就能表达出来的。然而比起烟火表演，老师欣赏烟火时的样子更令我印象深刻。他的表情特别纯粹，简直就像小孩子一样。"正因为老师是这样的人，才能画出展现真我、发自内心的作品，一个画家必须要保持心态上的自由。"我如是想。

与老师除了有这样的交集外，老师还为我画过肖像。这件事的起因是我取得了卫斯理大学的博士学位之后想留个纪念，研究室的学生们同时也想庆祝我年满花甲，于是他们拜托获老师为我画肖像。但他们筹集的经费远远不足以让老师作画，于是研究室同学会会长便对老师说："老师，您照着这个金额画一幅小的肖像也行。"结果老师回答道："我知道了，那么画框的费用就请大村来付吧。"老师给我画的肖像实在是太棒了，我看了之后心中充满了惊喜。（笑）

作画过程中，因为需要看着我画，所以我大概去了老师的画室五次。在那期间我得以近距离观察老师作画时的样子。老师一边仔细地观察着我，一边画出纯粹的内心所反射出来的画面。我还记得当时感觉自己似乎一丝不挂，好像被老师看穿一切一样。

回想起来，前四次，老师都在画草图，最后一次去老师则以极快的速度上好了颜色。即便是荻老师也需要画草图，在绘画的基础步骤上花费如此多的时间，当亲眼见到这样的场景时，我重新认识到做任何事都要重视基础，科学实验也是同样的道理。

另外，在与林敬二、入江观、樱井孝美、守家勤等诸位老师交往的过程中，每当感受到他们的纯真之心，我的心中都会吹起缕缕清风，实在是不胜感激。

这次我谈到的都是与画家有关的故事。除了绘画之外，我收藏的作品中还有河井宽次郎、浜田庄司、伯纳德·利奇、近藤悠三等已故大师以及原田拾六、中里重利、井上万二等如今正大放异彩的老师们的陶艺作品。尤其是岛冈达三老师，他一直在反复推敲绳文象嵌工艺，追求着单是用技术这样单薄的词语已经无法呈现的深奥艺术，他的精神实在是令人佩服。下回就来谈一谈有关陶艺的话题。

与泥土打交道蕴含的可能性

上次在结尾处已预告过,这次来谈一谈我的陶艺收藏以及与此相关的话题。

我对陶艺的喜爱丝毫不亚于绘画,很早就与陶艺结下了缘分,而邂逅陶艺的契机也非常贴近生活。那已经是三十五年前的事了。我和妻子刚结婚两三年的时候,岳父送了一个单枝花瓶给我。一开始我只能发出"啊,颜色真漂亮"这样的感叹。但后来我自己经常看这个花瓶,看着它能够让自己心神安宁。

后来因为一些机缘巧合得知这件陶瓷作品的来历,原来是著名的浅藏五十吉老师的九谷烧作品。岳父随便送的礼物就如此有品位,实在是让人佩服。我至今仍非常爱惜这个花瓶,回想起来,这便是我收藏陶艺作品的开始。

自那时起,我一有机会就会收藏陶艺作品,如今藏品已经达到了相当的数量。藏品包括井上万二、中里重利、永乐善五郎、加藤舜陶、辻清明、金城次郎以及已故的伯纳德·利奇、金重陶阳、近藤悠三、佐久间藤太郎、浜田庄司、河井宽次郎等诸位大师的作品。有趣的是,我还藏有松岛宏明的作品,松岛宏明曾是躲在鲁山人[①]背后的陶工,他的作品造型与釉药十分协调。和收藏绘画一样,我会尽力寻求与仍在世的创作者见面聊天的机会,之后才会买下其作品。如果作者已故,我则会通过读书等方式去了解他的为人,并在脑海中不断丰满其形象。如此一来,每当我看到作品时脑中就能浮现出创作者的人格,充满乐

---

① 即北大路鲁山人(1883—1959),日本篆刻家、画家、陶匠、书法家、漆艺家、烹调师、美食家。

趣。所以，我无法欣赏没有原创性的作品，因为观赏作品时要对作品以及创作者心怀敬意才能叫作欣赏。

藏品中数量最多的便是岛冈达三与原田拾六两位大师的作品了，大约各有六十件。

我开始收藏岛冈老师的作品是因为与妻子一起参加了益子的陶艺节。一位亲戚邀请我们去参加，说会给我们当导游。因为机会难得，我们逛了很多陶艺店，但都没怎么看到好的作品。想着今年可能没戏，进了最后一家店却发现正对店门的地方摆放着一件非常出色的作品。我一看便知"就是它了！"而那件作品便是出自岛冈老师之手。现在回想起来，这简直就是命中注定的邂逅啊。

此后，我便按照惯例去拜访老师，也参观了制陶工房，就这样与老师进行交流的同时不断收藏老师的作品。如今老师已成为人间国宝[①]，其作品也很难再买

[①] 指依据日本《文化财产保护法》第71条第2项之规定，日本文部科学大臣指定的重要无形文化财产受到认可的持有人。

到。不过只要老师一办展览我就一定会去参观，我还带过外国的客人一起去拜访老师的制陶工房，老师也出让了一些作品给我们当作礼物。老师在国际上享有盛名，作品介绍也都有英文版，目前我正在向老师求购作品，好作为礼物送给外国朋友。不过老师之所以这么有名，都是因为他的作品本身充满了魅力。我也十分佩服老师将绳文象嵌工艺追求到极致的精神。

原田拾六老师是前年日本陶瓷协会奖的获奖作者，今后的创作越来越受到世人的关注。老师的作品虽然属于备前烧，但他的作品充满了力道。老师还十分具有研究精神，他在安土桃山时代古备前烧的著名研究者桂又三郎先生的指导下，搜集到了许多历史遗物的碎片。他通过这样的方式来诚心诚意地学习前人工艺的优点，将这些优点融入自己的艺术当中，不断潜心磨炼。我因此受到感动，于是从十五六年前就开始收藏老师的作品。

老师说话不太利索，为人也十分朴素。每年产松茸的季节，老师还会在设有窑炉的广岛县牛窗町举办

"围着原田拾六吃松茸"等聚会活动。(笑)我们喝着美酒,吃着用炭火烤制的蘸盐时令松茸,聊着与陶艺相关的话题,老师还向我们展示刚烧制好的作品……那样的时光实在是太愉快了。此外,我还会在老师告知的开窑日期去参观窑炉。老师拍去刚出窑烫得不能直接用手拿的作品上的灰尘,然后向我展示作品。如果烧出了好看的红色纹样,老师还会特意挑出来放在一旁。前段时间我向老师报告自己当选日本学士院会员的喜讯时,老师还赠送了我一个酒壶和大酒盅。能与老师有如此深交,我真的非常高兴,也非常感激。

不过,从先前列举的作者名字也能看出我更喜欢朴素的作品,比如烧制后不上釉的作品以及民间艺术情调浓厚的作品等。原因是这些作品更能带来实际使用的乐趣,而且可根据自己的想法和创意去赋予它们全新的用途,比如将酒壶当作花瓶,也可将别的容器当作插花用的道具。陶器有着这样一种不拘一格的特性,能够呼唤出人们的"玩乐之心"。萨摩烧、伊万里等外观精美的陶瓷器也很好,但无法满足人的玩乐之心。我自然是更喜欢潜藏着无限可能性的东西。

陶艺本身就是人的意志与泥土、火候等诸多元素综合起来后的结晶,从此种意义上来看,陶艺可以说是有着无限的可能性。虽然陶艺不像绘画能够全面展示出创作者的人格,但它也绝不只是偶然性的产物,有能力的创作者自然会创作出与其能力相呼应的作品。仔细想来还真是不可思议,内涵深奥。正是因为陶艺有如此特性,我的心才被它紧紧套牢。

作为女子美术大学理事长的感触

这次的话题回到美术方面,我来谈一谈自己作为公共活动场所女子美术大学(以下简称女美大)理事长的感触。我自认为与女美大的缘分不浅。

我的亲戚中有女美大的相关人员,女美大常常出现在我们的聊天话题中,对我来说,女美大是很亲近的存在。

因为有这样的缘分,校方"希望你能出现在我校理事的名单上"的这一邀请,便很自然地从朋友口中传来。"我校成立一百周年的纪念日即将到来,在如此重要的时间节点上不知道能否请您助我们一臂之力。""为了推进纪念活动的顺利进行，请务必答应。"校方的热忱邀请打动了我，于是我加入到纪念活动的筹备工作当中。理事一职任期期满后，校方又发出了"希望您能担任理事长一职"的邀请。因为自身工作繁忙，我还一度谢绝了校方。

既然答应了校方的请求，我便立即开始思考"这里必须要改进""那里应该作为发展重点"等问题，并着手落实。因为对学校本来就很熟悉，所以工作的蓝图很容易就在脑海中描绘了出来，这与画画是一个道理。

首先，我开展了让学校的同学会会长成为学校理事的一员等工作，目的是为了加强学校与毕业生之间的联系。毕竟学校已有百年历史，校友中有不少杰出人物，向她们借力，请她们为学校出谋划策，这对学校来说是必不可少的。另外，这对重新审视学校一百年来的历史也十分重要。

其次，便是关于去年开放的女美大美术馆的筹建工作。身为美术大学却没有美术馆，我认为这是很奇怪的一件事，于是便有了筹建美术馆的计划。当时我下意识地计划"将其打造为面向市民、面向社会开放的美术馆"，这样的理念也得到了校长与学校工作人员的一致认同并得以实施。我常想，美术的存在应该融入人们的日常生活中，而且正是因为有了美术才有了日本这个文化大国。筹建美术馆时，在硬件方面我们将入口设置在临近县立公园的一侧，在软件方面我们与相模市签订了文化促进协议，从软硬件两个方面实现了上述理念。其结果是我们得到了市民的大力支持，并且美术馆的工作人员也认为自己的工作很有价值，工作起来很有干劲。

此外，我还推进了不少改革，例如缩小短期大学的规模、增设四年制的新专业、为社会人士提供在职学习的课程等。在实施这些改革时，我一心想着要让与改革项目相关的人能够源源不断地在女美大和美术这条路上找到自己的梦想。结果证明，有不少人都表示女美大得到了越来越高的评价。这实在是值得高兴的事情。

当然，推行这些改革的大前提是首先要为学生着想。从我个人的角度来讲，不仅是在学校的工作中，私下我也在践行这一点。具体来说，我会尽量抽时间去参观学生的展览，有时也会提出自己的意见。不只是参观在学校举办的展览，如果时间允许，我还会去参观学生在银座、青山等地借用画廊举办的展览。我敢说自己恐怕是历届理事长中参观学生展览最热心的一个。

看了那么多画，我也有了一些切身体会，借此机会向年轻画家嘱咐一句："要重视基础。"

最近的年轻画家在创意方面都很有灵性，在方法论上也是各有特色，表达方式也非常有趣。这些值得赞赏，我也明白大家急于展现自己风格的心情。但光凭这些是不够的，笑到最后的一定是重视素描等绘画基础，不断磨炼基本功的人。这是我个人的观点。

在美术馆里仔细欣赏我喜欢的板谷波山、川合玉堂等画家的作品，就会发现他们尽管被称作大师，却丝毫不会懈怠对基本功的磨炼。我认为正是因为有着扎实的基本功,他们才能表现出深邃的内心世界。即便是毕加索,在画出《格尔尼卡》之前也画过无数幅习作。对基础能力的追求到达一个临界点之后,作品中彰显的个性才不会显得牵强,反而会散发出强大的魅力。相反,如果没有扎实的基本功就急于展现个性,则只会遭到他人"画的是什么啊"这样的不解。想要捕获人心,还需要努力和钻研来做支撑。我由衷希望大家首先要明白这一点。

话虽如此,我这个理事长说不定在学生眼里还是个奇怪的人。(笑)

说到奇怪的人,我来到女美大时着实吃了一惊。因为员工当中有不少极富个性的人,说白了就是奇怪的人。在本职工作的地方我被称作"北里的三大怪人"之一,而来到女美大才发现怪人何止三个,几乎所有人都很奇怪。(笑)不过,正是这些极有个性、被人视作怪人的人才是真正能够创新,能够引领潮流、创造辉煌的人。无论是科学还是美术都同样如此。我还在众多有关人士齐聚一堂时说过"从这一层面来看,女美大可以说是高枕无忧了"这样的话,而且,和怪人接触最开心的事就是不用讲道理。光凭这一点我就觉得与怪人一起工作是有意义的。

值得一提的是,我非常高兴能够得到许多与女美大毕业的大师级人物交流的机会。下回就来谈谈与这些大师交流的故事。

多彩的韵律
——我接触到的女性美术开拓者们

女美大艺术博物馆从2002年9月18日开始举办"多彩的韵律——大村藏品中的女美大毕业生作品展"的活动,从名称就可以看出这次展览只展出我藏品中女美大毕业生的作品。收藏某个画家作品的人很多,而收藏某所学校校友作品的人应该十分罕见。

其实开始有意识地收藏她们的作品是在我任职理事长之后。因为从职位的立场来说,担任理事长后我需要认真地去关注她们的作品。既然自己看到佳作就想买下来,干脆就不要"拈花惹草",(笑)而是专一地做收藏。做此决定后的结果便是我收藏的作品数量达到了能够办展览的程度。现在就来谈一谈我与女美大校友美术家的有趣故事。

首先是乡仓和子老师。此次展出的作品《菖蒲》是我在很久之前买下的。当时我只知道老师是日本美术院展览会获奖者乡仓千韧的女儿……这幅画便是我开始收藏女美大毕业生作品的第一步，十分具有纪念意义。

第一次与老师见面实际上是在前年。当时女美大成立一百周年的纪念活动之一便是出版十位女美大毕业画家的作品集《德之华》。在画册出版展览会的庆功宴上我见到了老师。聊天过程中我提到了《菖蒲》那幅画，结果老师对我说："哎呀，我都忘记画的内容了，请一定让我再看看它。"此后，我与老师的缘分越来越深厚，我又收藏了数幅老师的作品。不过在这些画当中令我印象最深刻的还是那幅让我与老师邂逅的《菖蒲》。

在编辑画册《德之华》期间，我得到了与众多大师见面的机会，其中包括丸木俊老师。不过当时老师的身体状况已经不太好了，没有办法说太多话，这一点至今令我深感遗憾。在老师的遗作展上我拜托她的家属把《仙客来》这幅作品卖给了我。丸木老师的《原子弹之图》系列作品非常有名，花卉的画作也十分出色。我由衷希望大家能去实际品味一下老师作品的韵味。

大久保妇久子老师也同样如此。要将老师的皮革工艺作品拓印为石版画并不容易，但在老师的指导下我们印出了非常出色的作品，这件事让我十分难忘。

老师待人接物彬彬有礼，她时常心怀感激地说："自己能有今天的成就都是女美大的功劳。"她在女美大成立一百周年庆典上向后辈们讲话的场景让我印象深刻。然而庆典结束数日之后，老师刚收到文化勋章便离开了人世。当我听闻此事时备感遗憾，我们失去了一位宝贵的艺术家。

在编辑画册《德之华》期间，我记忆最深刻的便是与堀文子老师的会面。制作版画需要借用老师的作品，于是与老师一同用餐，我们聊得非常投缘。当时老师表示"想画微生物"，没想到后来老师就真的发表了以显微镜下的水蚤为描绘对象的作品。我猜测这或许是因为老师在与我聊天过程中回想起年轻时的满腔热情了吧。

堀老师好奇心旺盛，她还说过"自己年轻时候的梦想就是成为一名科学家"。老师画过喜马拉雅、野鸟乐园，她会不断地去广泛寻求绘画的题材，精准地将这些题材用绘画形式表现出来，其才能令人叹为观止，画出的作品能给人带来神清气爽的感觉。以《蓝罂粟》为代表，老师的花卉作品精妙绝伦。本次展出的作品中，《秋炎》颇有意趣。作品描绘的是欣欣向荣的花朵被火焰包围的情景。老师是在丈夫去世那段时间创作的，我想这幅画表达的正是老师当时的真实心境吧。

本次展览展出数量最多的就是嶋田静老师的作品了，共约十八幅。五六年前老师在富士电视台举办个人作品展时我第一次见到老师。老师清新灵动的画风深深吸引了我，于是我决定买下一些作品用于医院收藏。当时，我对老师说："医院里比较适合挂横幅画。"结果老师把还没有签名的竖幅画横摆着签了名，然后对我说："横竖都可以看哦。"老师还真是不按常理出牌啊。（笑）

此后，我经常前去老师的画室叨扰，只要有我喜欢的作品老师就会毫不犹豫地出让给我，不知不觉中就收藏了不少老师的作品。老师因为常驻法国的关系，思维方式已经和普通的日本人发生了偏离，十分有个性。也正因如此，老师的性格让人感觉充满了魅力与趣味。

能够与片冈球子老师见面也让我非常开心。在横滨美术馆举办的回顾展上，我听了老师的致辞，深受感动。尽管老师已有九十五岁高龄，但她仍然思路清晰，讲话顺畅，而且表达方式干脆利落。"虽然我每天都在画富士山，但我至今仍未得到过富士山的表扬。"多么潇洒的话语啊！后来，我重新去鉴赏老师的作品，乍看之下画风豪爽，但仔细观察就能深刻体会到画的构造与老师的讲话一样，十分严谨。那一瞬间我似乎窥探到了久经修行的画家非同寻常的功力。

　　我与其他很多大师之间也有不少回忆，她们为女性打开了一扇大门，并开拓出了各自的领域。正因如此，无论哪位老师都能让人感受到她们所独有的坚强意志、明朗生气以及与生俱来的才能，实在是让人兴致勃勃。在展览展出的作品之外，肯定还有其他毕业生创作的优秀作品，我希望今后能够继续收藏她们的作品。

"人间赞歌大赏展"中隐藏的哲学

这次我想再谈谈《挂满画的医院》中稍微提到过的由北里研究所主办的绘画公募展"人间赞歌大赏"。

举办"人间赞歌大赏展",是因为我们在筹建KMC医院时,希望能将其打造为"挂满画的医院"。在今后这个老龄化社会中,从各个层面来看都需要医院的环境变得更加舒适。为了让医院的环境更加舒适,文化性元素也是必不可少的,然而现在的医院在这方面很明显做得不够。既然如此,那么何不在医院空旷的墙面上多挂些画呢?之后,在思考要如何收集到如此大量的作品这一问题时,我想出了通过举办公募展来收藏优秀作品的方案。

第一届活动举办于医院成立的一九八九年，当时活动的情况此前已经提到过了。此后，每逢对KMC医院来说重要的时间节点，我们就会举办此项活动。2002年3月，我们举办了第五届活动。

举办公募展的好处就在于能够募集到丰富多彩的作品。将来要看这些画的人是众多的非特定患者，所以选画时不能有任何偏向。因此，每次活动的评委阵容都会进行更换，并且会考虑来自患者的要求。第四届活动举办地在中国，我们募集到了来自中国的众多优秀作品。总之每举办一次活动我们就能收集大约一百幅作品。目前医院通过此项活动收藏的作品总数约有五百幅。现在KMC的藏品约有一千四百幅，也就是说有三分之一的作品是"人间赞歌大赏展"的入选作品，如此想来真是让人感慨万千。最重要的是，患者朋友们看到这些画后产生了发自内心的喜悦之情。这一点是最让我高兴的。

在举办"人间赞歌大赏展"时，我意识到了两件事：

首先，为了让医院挂画成为普遍现象，举办"人间赞歌大赏"这样的活动则能为其他机构树立榜样。当初筹建医院时，我们的想法是把医院作为一项公益法人事业，将其打造为具有前瞻性的能够成为未来医疗机构之典范的医院。我们也通过"人间赞歌大赏展"收获了丰硕的成果。实际上也有其他医院效仿KMC医院开始积极展出美术作品、增设展览场地等。能够成为这一潮流的先驱，我们备感自豪。并且，如果这样的潮流逐渐演变为一种社会习惯，诸如普通企业也开始在办公楼里摆设美术作品，这样的趋势越来越明显的话，那么画家们能够得到的工作机会也必然会随之增加。如果通过这种方式能够为美术和文化的发展提供契机，我将感到无比喜悦。

其次，我希望通过"人间赞歌大赏展"，为年轻画家提供一个超越美术界派系的，能够自由发表作品的舞台。每次活动都会更换评委阵容，也是出于这一考虑，我希望举办的是一项没有阻碍没有束缚的绘画比赛。我们因此收到了越来越多的关于作品募集的问询。第五届活动募集数量虽然有所下降，但我听说这是因为第四届活动在中国举办，而且这次举办活动的时间与上一次间隔太久，很多画家错过了提交作品的时机。在第五届活动公开募集日期截止之后，我们收到了大量的问询，很多人表示不知道活动举办的具体事项，十分懊悔。

重新回顾"人间赞歌大赏展"活动的发展轨迹，我才发现，原来这是一项如此伟大的事业。虽然过程中经历了曲折坎坷，但活动还是取得了成果。其根本动力中包含着我对待人生最基本的态度，那便是时刻思考：如何才能帮到他人？如何为社会做贡献？怎样才能让人们心生喜悦？能否做出真正有意义的事？正是因为我时刻在思考这些问题，才能够得到众多人士的鼎力相助，从而推进各项事业顺利发展。即便是在女子美术大学，也有我这个艺术门外汉能办到的事情，或者说正因为是门外汉我才能办到这些事。我怀着这样的心情对学校进行了改革，其结果是很多人对我说"女美大变了""变得有活力了"。这些话我也深有体会。我常对年轻人说:"你们取得的成就将成为今后灿烂人生的足迹,你们会受到很多人的赞赏。"

通过自己独有的想法与方法做出能够造福很多人的事,无论是科学还是美术,都是这样不断累积发展起来的。

在家乡韭崎思考我的"原点"

在我当选日本学士院会员、法国科学院会员之后，连续忙碌的日子比往年更多了。在忙碌的日子里，每次只要回到老家，我的心就能沉静下来。虽然有时候是因为沉浸在对藏品的欣赏中而获得了内心的安宁，但更多是因为自身的"原点"就在老家，别无他处可寻。这次就让我来细细思考与山梨县韭崎老家，也就是我的"原点"有关的问题。

说到韭崎，自然就会想到这里是以战国武将武田信玄为代表的武田一族的故乡。我出生时住的房子和我现在的房子都坐落在旧城址所在的那座山旁边。

如今这一带自然环境良好,到处都是绿色植物。以前这里曾有过许多专门养蚕的农户。我家也养过蚕,而且还有一定规模,所以小时候我经常帮忙干活。忙的时候早上天还没亮就要起床,一直忙到晚上伸手不见五指,水田里都有月亮倒影了才结束。不过只要有空闲时间,我就会爬山下河到处玩耍,或是捣土捉虫,或是观赏花草树木,感受季节的推移。总之小时候我非常淘气,过着与大自然完全融为一体的生活。

当时我总以为自己长大以后会继承家业,所以对学习完全没有兴趣。学校老师还叮嘱我说:"说不定将来你就当了村主任,所以在学习上还要再加把劲啊。"(笑)不过现在回想起来,尽管我没有在学校认真学习,但我从丰富多彩的大自然中学到的东西或许更多。比如,收割完成之后的田地里堆满了制作堆肥用的稻草,摸了之后就会发现稻草是热的,如果浇了水会变得更热。这种现象是由微生物发酵造成的,但在不知道原理的情况下用身体去实际感知,这让我年幼的心产生了不可思议的感觉,于是我会努力地去思考"这是为什么啊"。另外，我还与父亲在晚上提着煤油灯去河里捕过鱼，河里居然有鳗鱼。父亲告诉我缘由后我十分惊讶："这家伙原来会从海里逆着河流游到如此内陆的山脚下来啊，真了不起。"这也让我真实感受到了穿梭于广阔世界的生命周而复始的循环有多么深奥。我就是以这样的状态去近距离地接触有趣又神奇的大自然，每天都会有新的发现。而这样的点点滴滴流淌在今日的我的血液中，成为我进行科学研究的基础。

说到科学研究，尤其是在我的专业领域自然科学方面，我将焦点聚集在很小的一部分自然现象上进行着深入钻研。在此情况下，我必须时常考虑的一点就是，"大自然是有着相对性的，它是由各种各样的要素相互交织而成的复杂而又有着广阔延展空间的存在"。无论是做什么样的科学研究，如果不在自然的联系这一大前提下进行思考，那么研究的方向就不可能是正确的。

然而越是埋头于研究的人，越是容易忘记这一点。我或许是因为度过了上述那样的童年时代才没有走错路，为这个世界贡献了不少有帮助的研究成果，至今仍未丢失探究之心。我现在深刻意识到，原来对我来说，韮崎的自然环境就是无可比拟的好老师。

由此可见，韮崎的自然环境正是我进行科学研究的启蒙老师。同时，它也是我的美术老师。这是因为我小时候的一半时间用来在大自然中玩耍，另一半时间则是用来画画。从书房的窗户能看到茅之岳，我都记不清画过那座山多少次了，甚至到现在开同学会的时候同学还会说："小时候大村画的山总是那么好看。"

为了画画，我需要观察那些我感兴趣的东西，在此过程中我看到的东西比在帮忙干活和玩耍过程中发现的东西多得多。连绵的山峦、天空的颜色、盛开的花朵等表现出的季节变换，昆虫与动物的行为中不可思议的习性……虽然我的经历让我坚信自己容易受到某种事物打动的心基本上是大自然赋予我的，不过我仍然认为通过画画我能够感受到一般人感受不到的更深层的感动。另外，绘画也磨炼了我的感知能力，让我培养出了赏画的审美之心。在那样一个基本物质需求都得不到满足的时代，父母却从未间断过给我买画纸和蜡笔，对此我心中充满了感激。

我认为，能够受到打动的内心，也就是一个人的情趣，才是一生中比什么都重要的东西。受到文化勋章表彰的奈良女子大学数学教授冈洁老师也曾说过："对人类来说最重要的东西就是情趣。"一位数学家都这样认为，美术界人士还能说什么呢？大自然最神奇的地方难道不就是它穷尽一切，去培养人一生当中最重要的东西——情趣吗？

如今，孩子们玩耍的方式大多是玩电动游戏等，如此发展下去真的好吗？如果这个世界上的人都活在人工封闭的世界里，完全没有体会过大自然的深奥，我无法想象那将会是怎样的场景。

不仅是城市学校的孩子，即便是在郊外上学的孩子们也要多带他们去乡下，在大自然中释放自己的身体与心灵。在乡下，他们肯定会非常兴奋，玩得满身是泥。他们或许还会受一点伤，但我希望大人们能够放宽心态，守护他们在大自然中成长。这样才能让我们的科学与美术等领域产生越来越优秀的成果。

化梦想为生存之力量

最后,我想提一下日本美术界存在的一个大问题。

我开始思考这一问题其实只是因为听到了一个小女孩不经意间说的一句话。久居美国的某位老师带着女儿一起回到日本时,上小学的小女孩说了这样的话:

"日本小朋友们的画都画得很好,但是看起来都一个样。"

在我看来,这是来自于儿童视角的对教育的猛烈批判。也就是说,日本的学生只会使用老师教的绘画技巧按照老师要求的去画,完全没有自由的想象空间,也毫无个性可言。绘画教学本来应该采取的方式是先教会小朋友基本知识,之后便只需要"请大家自由发挥"。然而,日本美术教学的现状却会增加许多对细节的要求,比如"这里用这种颜色好看""这个要画成这种形状"等。如此一来,孩子们画出的仅仅只是老师脑海中的画面的副本而已。与此同时,孩子们也会逐渐失去自己的个性。

糟糕的是,在如今的日本美术界,多数情况下孩子们长大成人后仍会深陷这一不良风气之中。我常去参观在上野东京都美术馆举办的公募团体展,展览通常给我的感觉是代表各流派的多名画家的画风完全掩盖了其他所有人。好多画都没有体现出各个画家各自的创造力以及独特的表现方式,而只是在迎合团队整体呈现出来的氛围。

这或许是因为如果作品呈现的风格不是该流派有发言权的人喜欢的风格就无法入选参展吧,所以这些画家才会宁可扼杀自己想表达的东西也要画出迎合他人口味的作品,也有可能是自然而然就画成了这样。

当然，在此过程中画家之间也会互相切磋琢磨。但即便如此，这些画家中又能诞生出多少能够得到全世界认可的画家呢？

现在有很多画家都是先在海外受到好评，之后才在日本得到认可。比如藤田嗣治和荻须高德，还有我院收藏了其很多作品的冈田谦三。仔细想来，他们都是在自己画家生涯中感情最丰富、发展最迅速的时期出了国，在与日式不良风气绝缘的环境中磨炼自己。

近来，日本科学界的这种不良风气与学派间的壁垒在很大程度上得到了清除。多亏如此，大量的科研人员才能够自由地出国进行深入研究。前些日子诺贝尔奖也同时颁给了两个人。总之，日本科学界的良性发展趋势是我们取得了瞩目成果的重要因素。

我们需要将日本的传统发扬光大，但也需要更多地活跃在国际舞台上。在美术领域，尽管文化厅有驻外研究员制度，但真正能出国的机会少之又少。我在女子美术大学设立"大村文子基金"也是出于这一考虑。我希望学生们能够在染上某位老师或是日式不良风气的色彩前去巴黎留学,自由地磨炼感性认知。我认为学校应该是给学生"提供各种各样机会"的地方,而"大村文子基金"便遵从了这一理念。我甚至还听说有的学生留学之后就不愿意回来了。即便是如此出格的行为我也十分认可。画家就是要有这种精神。不管如何,我衷心希望能够为学生们提供更多的机会,帮助大家磨砺出更多的才能。

不过,所谓的个性并不是指只要和别人不同就可以了。关于这一点一定要有正确的观念。创作出的作品必须能够打动观赏者的内心,能够传达创作者的灵魂,这样的作品才是有个性的作品。国外有着连续不断的容纳优秀作品的历史,希望学生们能够在这样的环境中取其精华,实现自身的成长。

最近,我正好见识到了十分有个性的作品——朱利亚诺·梵吉的雕塑。朱利亚诺·梵吉获得了今年的高松宫纪念世界文化奖,相信大家也都有所了解。我看过梵吉在雕塑之森美术馆举办的个展,也去参观过前不久才开馆的梵吉个人美术馆,我看过的日本雕塑完全不能与他的雕塑作品相提并论，他的作品给我带来了很大的冲击。他那独一无二的表现手法背后到底有着什么样的奥秘？创作者的才能当然不能忽视，但其中也存在着意大利雕塑史的巨大影响。通过梵吉的作品我再次体会到了这一点。

现在我的梦想就是在女子美术大学的广场上摆放梵吉的杰出作品，打造一座"梵吉广场"。话虽如此，但要想买到意大利雕塑界代表人物的大型作品并没有那么容易，能否实现这一梦想现在还不得而知。不过，光是想象那样的场景就让我无比兴奋。我希望能够时常都怀揣这样的梦想。

细细想来，我的人生或许一直都在描绘着梦想。有梦想，才有希望。有希望，才能获得生存的力量。如果力量足够强大，终有一天会实现令人意想不到的梦想。

人生中最重要的莫过于"化梦想为生存之力量"。我希望以这句话作为本次专栏的结语。

后　记

我获得诺贝尔医学或生理学奖之后，受到了许多人的鼓励与帮助，也收到了很多祝贺的话，在此我向大家表示衷心的感谢。

我在韭崎自然环境的严格要求下长大，对我来说，在这样的环境中成长是一件莫大的好事。同时，年龄越大，我越是会回想起儿时的点点滴滴。我有一个好的成长环境，还有大家对我的教导，所以我也希望能为故乡韭崎做点贡献，于是修建了大村美术馆与温泉设施向大家开放。

众人拾柴火焰高。我十分珍惜与大家在同样的环境中成长、生活的缘分，希望能够与大家齐心协力，把家乡建设为更加宜居、幸福指数更高的城市。

如果将来我还能为韭崎的发展贡献微薄之力的

话,我将感到十分荣幸。

今后也希望大家多多关照。

大村智